# NOUVEAU DICTIONNAIRE DES IDÉES REÇUES

des propos convenus et des tics de langage

OU

LE DÎNER SANS PEINE

DU MÊME AUTEUR

*Entretiens avec Arrabal*, éd. Pierre Belfond, 1969.

*Ceux qui savent de quoi je parle comprendront ce que je veux dire*, chroniques, éd. Robert Laffont/Jean-Jacques Pauvert, 1986.

*Les Yeux ronds*, roman, éd. Robert Laffont/Jean-Jacques Pauvert, 1986.

*Les Parisiens*, essai, éd. J.-C. Lattès, 1991.

*Les Hexagons*, essai, éd. Robert Laffont, 1994.

*Le Cousin*, roman, éd. J.-C. Lattès, 1997.

Alain Schifres

# NOUVEAU DICTIONNAIRE DES IDÉES REÇUES

des propos convenus
et des tics de langage

OU

LE DÎNER SANS PEINE

JC Lattès

« Alors une faculté gênante se développa dans leur esprit, celle de percevoir la bêtise et de ne plus pouvoir la tolérer. Des choses insignifiantes les attristaient : les réclames des journaux, le profil d'un bourgeois, une sotte réflexion entendue par hasard. »

*Bouvard et Pécuchet,* Gustave Flaubert

## Préface
## *(Toujours trop longue, comme les entractes)*

### Maintenant que je fus lui

Si la réincarnation est à la mode, si M. Paco Rabanne est sûr à ce point d'avoir été une pute sous Pharaon, pourquoi n'aurais-je pas été Flaubert après tout ? À donner dans les sornettes, autant viser haut. La métempsychose est un self-service, c'est par là qu'elle est cool. Naguère, je me voyais avoir passé par le corps d'une vache : je me suis accordé une promotion.

Son *Dictionnaire des idées reçues*, Gustave l'avait en train depuis longtemps quand sa tête a explosé. Il mourut d'une hémorragie cérébrale, je sais bien, mais je préfère me figurer, maintenant que je fus lui, que ses synapses se sont disjointes. C'est plus *artiste*. La sottise qu'il voyait partout lui pesait sur le crâne, qui a fini par éclater [1]. Accident de la mine. Coup de gri-

1. Maupassant : « Sa sensibilité cérébrale excessive lui faisait sentir comme des blessures les banalités stupides que chacun

sou. Le poncif l'a englouti. Il pelletait là-dedans sans précaution. Or les préjugés, les tics, les conventions, ces choses-là fermentent comme des hydrocarbures. Dégagent une énergie fantastique. « Martyr de la Bêtise[1] », Flaubert la décelait jusqu'en lui. Ce n'est pas donné à chacun de se sentir bête. Il faut être l'éternel spectateur de toute chose, avoir été une vache dans une autre vie, ou l'idiot de la famille. C'est une souffrance de l'esprit et à la fois un plaisir animal de se sentir con, surtout lorsqu'on se croit intelligent. Ça vous soutient les reins comme la mer Morte, vous faites la planche sur le monde sans jamais y pénétrer, et parfois ça vous noie comme l'océan. « Leur bêtise est mienne et j'en crève » écrit Gustave à propos de Bouvard et Pécuchet. Le *Dictionnaire* devait entrer dans ce catalogue d'Armes et Cycles de la Manufacture des Idées modernes (à l'époque). Mais les catalogues, c'est l'enfer pour des crétins dans nos genres, on aimerait exister, bouger, comprendre ce qui arrive, raconter sa vie, composer de jolies histoires, au lieu de quoi : des fiches ! des fiches ! Et si c'est un catalogue, non point de beaux objets mais, à proprement parler, de *riens*,

---

répète chaque jour. Quand il sortait d'un salon où la médiocrité des propos avait duré tout un soir, il était accablé comme si on l'eût roué de coups, devenu lui-même idiot, affirmait-il, tant il possédait la faculté de pénétrer dans la pensée des autres. »

1. Sartre, *L'Idiot de la famille*, Gallimard.

comment serait-il jamais achevé ? Flaubert rêvait pourtant qu'après le *Dictionnaire*, on n'osât plus ouvrir la bouche. L'Apocalypse selon saint Gus : silence absolu dans les dîners. Mais il sera mort *trop tôt*, selon une idée reçue, car il est peu couru qu'on meure trop tard :

« *Mon cher X, tu nous as quittés trop tard, ayant depuis longtemps accompli tout ce que tu pouvais faire de bien sur cette terre, ou même de potable.* »

## VLAM, LE CERVEAU QUI EXPLOSE

Continuer la tâche de Gustave, encore une fois, est-ce présomptueux ? Les lieux communs sont à tout le monde, pas vrai — sinon quoi ? Puis Emma Flaubert, c'est moi, n'oubliez jamais ça. Maintenant que je fus lui, j'ai de grosses colères, j'arbore une moustache décalquée du modèle et je porte une robe de chambre à col de soie. Car l'idée reçue — l'idée qu'à l'école j'ai reçue — de Flaubert est celle d'un géant casanier, perpétuellement furibard, l'œil poché, l'haleine forte, et soufflant par les naseaux. Je le devine, maintenant que je fus lui, penché sur mon couvert. Ses yeux se brouillent. Le cerveau gorgé de sang, il va s'abattre sur le ragoût (on appelait cela un « transport », et cela se passait à table, forcément) [1]. J'ai sa moustache sur ma joue. C'est une moustache qui tombe, qui accable les traits. Ajoutez la paupière de plomb : cet homme qui vise haut est tiré vers le bas. Gauloise jusqu'au cliché (la moustache). D'aspect farouche mais d'usage délicat. Pas un saule pleureur comme celle de Nietzsche mais enfin il faut savoir passer dessous pour manger son potage. À cause de nos bacchantes, toute bonté s'est réfugiée dans nos yeux, à Gus et moi. Les enfants nous guettent aux prunelles : voir si *par hasard* nous ne sommes pas en colère. Surtout lui. Car je sens dans mes os qu'il enrage, mon Gus, à l'orée du XXIe siècle (qui est aussi l'aube du troisième millénaire, jamais l'inverse : les siècles n'ont pas d'aube, les millénaires n'ont pas d'orée). J'entends par là qu'il prend un pied pas possible, le foutu maso.

*« Retâterez-vous de mon ragoût, cher monsieur Flaubert, vous reste-t-il un petit coin ou bien êtes-vous déjà totalement exaspéré ? »*

(Vlam, le cerveau qui explose.)

1. En réalité, Gustave est mort avant son déjeuner.

## LES FRANÇAIS SONT DES ADULTES

Il suffit de s'ouvrir aux idées reçues : elles vous viennent en rafale. Une banalité réveille un truisme. L'opinion ranime la croyance. Le nom convoque l'adjectif, le sujet l'attribut. C'est comme de faire des mots croisés : tout s'emboîte. Pilotage automatique de la pensée. Pulsation de l'ineptie. Swing du stéréotype et rap de la fadaise. Un monde de niaiseries dans ma tête ! Et quel plaisir d'expédier l'Amérique ou la Chine en trois mots, sans risquer aucun reproche : on ne traite pas ici d'un objet quelconque mais du bruit qu'il fait. Impossible à l'évidence de réunir tout ce qu'il faut dire et penser qui vous rende égal à l'opinion (toujours *changeante*, hélas ! l'opinion), ni tout ce qu'on doit adorer, ni tout ce qu'on doit haïr (et contre quoi il faut « tonner », selon l'expression jupitérienne du cher Gus). On trouvera d'abord des « classiques » (toujours *indémodables*, par chance, les classiques) — quelques-uns (73) recueillis par Flaubert qu'on peut s'amuser à repérer (solution à la fin du volume) : des vérités premières au sens plein du mot ; robustes et fleurant l'encaustique ; taillées pour une vie et davantage. Car naguère on jouissait en rentier de ses clichés. Les idées toutes faites n'étant plus à faire, la bourgeoisie triomphante (toujours *triomphante*, la bourgeoisie) tenait à devoir de les laisser à ses enfants. Nombreuses celles qui se sont transmises ainsi de génération en génération. Caparaçonnées et placides, à l'abri de l'évolution, pareilles à des insectes venus du fond des âges. (« La meilleure et la pire des choses », pour donner un exemple, voilà un rayon constamment réapprovisionné depuis Esope : on y trouve ces jours-ci de l'Internet et du téléphone cellulaire.) D'autres évidences, plus anciennes encore et usées comme des galets, ont tourné au proverbe (toujours *immémoriaux*, les proverbes). Elles ont quitté le florilège des lieux communs pour le trésor des almanachs. À cause de quoi, ce dictionnaire ne recense pas l'opinion très partagée qu'il faut battre le fer quand il est chaud, et qui animait les soupers, quelque dix siècles avant Jésus-Christ, de la civilisation de Hallstatt.

— *Bon, c'est pas tout ça* [l'homme, rangeant son couteau] : *je vais battre mon fer.*

— *Tu as bien raison, Helmut* [le chœur des convives] : *tant qu'il est chaud, hein ?*

Guère, non plus, d'expressions en vogue ou de nouveaux concepts (toujours *nouveaux*, les concepts, à l'opposé des conceptions, toujours vieilles) : beaucoup pâlissent en quelques mois. Avant d'arriver dans les livres, ils s'échouent, exténués déjà, dans les bilans rituels, au bout de l'an, de la presse magazine. Car le monde *bouge*. Nous vivons une période de *transition*. Dans une époque en *mutation*. Et demain est *déjà là* (oui : au même endroit qu'aujourd'hui !). Bref, qu'un poncif est né, qu'un tic va s'installer d'une façon durable, c'est difficile à dire : le mot « branché » lui-même, à peine conçu qu'il semblait ringard, mais il sert encore. J'en ai retenu plusieurs, cependant, au jugé, de ces petites choses modernes et frappées au coin du bon sens par des artisans consciencieux. Ou encore de ces formules machinales et à la fois excentriques (« complètement surréaliste », etc.) : il faut savoir se tenir dans la conversation à un niveau non pas exagérément élevé mais banalement excessif ; et, pour ne pas se donner en spectacle, en faire trop plutôt que pas assez.

Et comment ne pas relever quelques maximes de nos hommes politiques, tant elles sont attendues ? Des formules aussi pénétrantes que « la justice doit passer » ou « les Français sont des adultes », on s'en voudrait de ne les point noter : elles resteront sans doute car elles rendent un son de vérité. La langue de bois est par nature irréfutable. Elle s'est d'ailleurs durcie au point que le fameux « arrêtons de pratiquer la langue de bois » — le « j'arrête de fumer » des élus — est encore son fleuron le plus beau (toujours *les plus beaux*, les fleurons).

## QUELQUES LIEUX COMMUNS AU SUJET DES IDÉES REÇUES

1. Qu'elles soient fondées, qu'importe, il suffit qu'elles soient répétées. L'idée reçue n'est pas nulle en soi : c'est un genre dont l'idée fausse n'est qu'une espèce.

2. L'idée reçue, comme la brasse, ne s'oublie pas. Voyant un Écossais roux : « Voilà bien un Écossais », dira-t-on.

3. Une idée reçue dans certains milieux peut changer le cours de l'Histoire (la « certaine idée de la France » du général de Gaulle était un patrimoine légué par sa famille et qu'il a ouvert au public).

4. Ce peut être la meilleure des choses mais aussi la pire (comme Internet). Hitler était bourré d'idées reçues. Le FN l'est aussi. « La France aux Français », c'est comme le melon destiné à être partagé en famille. (Par quoi, ce serait un honneur d'être Français et un privilège d'être melon.)

## ÉTAT DES LIEUX COMMUNS

Au contraire de tes bourgeois, cher vieux garçon, l'Hexagon a souvent conscience d'être plat au moment qu'il est plat. Comme nous disons : « Il a pris de la distance. » Les clichés des actualités Gaumont d'il y a cinquante ans le font pouffer de rire. Énonçant des évidences (une spécialité du pays dont j'ai parlé ailleurs) [1], il vous en prévient sans vergogne : « Ce que je vais dire est une banalité. » N'importe, on l'écoute avec respect. On lui répond avec gravité. Tant il est vrai que les idées, comme les gens, sont mieux reçues quand elles sont annoncées. Et puis, Gustave, ton bouche-à-oreille et tes journaux sont relayés par ce que nous appelons nos médias : le stéréotype est partout à la fois. Enfin, la « bourgeoisie » s'est répandue : elle arrive en partie par le mérite et inonde le salariat. « Classes moyennes », disons-nous désormais. Gus, tu ne reconnaîtrais pas tes notables dans ces enfants des jeunes cadres — héros des années 60, pour te préciser les choses, singulièrement dynamiques et ridicules ; leurs fermettes en Normandie ! leurs gadgets qui faisaient des bulles ! ils t'auraient régalé. C'est un marais immense qu'on prendrait pour la mer — et il y en a là qui pensent que les classes n'existent plus et qu'ils résument l'Homme : aimable, mesuré, idéal. Le juste milieu, de nos jours, c'est le bon rapport qualité-prix, le menu équilibré, la cohabitation heureuse. On abuse avec modération. On se prive sans excès. On ne croit, souvent, ni à Dieu ni à Diable : on tient pour des idées générales. On se lève en masse contre le

1. *Les Hexagons*, Robert Laffont. On y trouvera l'ébauche du *Dictionnaire*.

racisme et le sida, pour les animaux à fourrure et pour Diana, puis on retombe en tas. On est violemment opposé à la drogue, à l'effet de serre et à la faim dans le monde.

« La bêtise consiste à vouloir conclure », écrivais-tu. C'est encore souvent vrai, sauf que les idées arrêtées se retournent tous les dix ans. Le modèle allemand chasse le modèle suédois, puis c'est au tour du modèle anglais. On détestait Audouard et Guitry ; on en raffole. Ou encore, les clichés sont réversibles à l'instant. Tout ce qui va bien, c'est à cause de « 68 », et tout ce qui va mal aussi (en quoi ce fut la meilleure et la pire des choses). Ne pas se soucier de l'extrême droite, c'est faire son « jeu », et s'en soucier, tout autant. Bref, ça devient compliqué (« complexe », disons-nous).

Il y a peut-être à cela une raison terrible : on devient intelligent. Je ne te cache pas, mon pauvre Gustave, que, depuis ton époque, le niveau n'a cessé de monter dans la société (heureusement qu'il n'a pas arrêté de baisser à l'école [1], pour compenser : nous serions des mutants). Et il faut aller, bien souvent, chercher la gemme de la bêtise sous une couche crasse d'opinions sensées. L'abbé Bournisien n'a rien contre la Raison ; M. Homais s'intéresse à la Foi : ce qui

1. L'une des idées les mieux reçues.

nous pomperait plutôt de nos jours, c'est Dieu et la Science réconciliés, un sujet typiquement classes moyennes, qui revient tous les ans et qui est d'un bon rapport qualité-prix au rayon des poncifs.

Nous savons chaque matin, par le Net, l'opinion des clubs de tricot du Honduras et, grâce au cédérom, rien ne nous est plus caché de ce qui touche à Michel-Ange et de ce qui n'a pas le moindre foutu rapport avec lui. Nous manquons tragiquement d'informations *parcellaires*, et c'est très fatigant. Pour tout arranger, plus de maîtres à penser, qui pensaient à notre place. Bref, chacun de nous est tenu, dans la mesure où il dispose de la doc, d'avoir un avis en tout domaine. Les hommes politiques — dont le premier devoir est d'aimer le football — ont des idées précises sur le jeu tactique. Les intellectuels (toujours *concernés*, les intellectuels) sont incomparables en stratégie militaire (les normaliens, en particulier, sont des spécialistes de la *frappe chirurgicale*, qui permet d'éliminer les salopards en épargnant les bons : avec cela, ils les distinguent au premier coup d'œil, comme d'autres le sexe des poussins !). Les plus compétents sont encore les chanteurs. C'est très pointu aujourd'hui d'entrer dans le *show-business*, comme nous disons, Gustave. Il faut être versé dans toutes les disciplines, jusqu'au maniement d'armes (il y a de cela quelques années, nous avions un M. Sardou qui parlait avec ses potes de relever nos soldats en Bosnie, les jugeant un peu verts).

Mais, de tous les esprits, les plus grands ne sont pas des artistes ou des politiciens. Tu peux les voir aux coins des rues. Ils s'appellent des sondés. Comme leur nom l'indique, on les consulte énormément. Point seulement au sujet de l'équipe de France ou de la conduite de la guerre, mais aussi sur le travail posté, les corn flakes, le FMI, le traité d'Amsterdam et le bain moussant.

## Du malheur de penser à table

J'ai horreur du bain moussant ; pour le traité d'Amsterdam, je suis comme tout le monde : je n'ai aucune idée de ce dont il s'agit mais je suis plutôt pour (à condition, bien sûr, qu'on n'oublie pas le *social* : ne jamais oublier le *social* !). Afin d'avoir la paix. De conserver un peu, à l'heure des dîners-débats, de la langueur des dîners sans peine. Car, au train actuel, nous risquons d'avoir quelque jour à table de vrais échanges. Des dialogues enrichissants. Des discussions utiles. Par quoi le schmilblic se trouverait avancé au dessert. Et, au lieu de parler de tout et de rien, selon l'usage, d'articuler quelque chose. Le cauchemar absolu ! (Toujours *absolu*, le cauchemar.)

Éloignez ce calice ! Rendez-nous la douceur de vivre des niaiseries d'avant-guerre ! À penser à table, on ne sait plus ce qu'on mange ni ce qu'on boit. On ne distingue plus la fine fleur du sel de Guérande ni le poivre du Setchouan. On oublie de mâcher ; les esprits s'échauffent et les plats refroidissent. Les positions se figent et aussi les sauces. Le danger est d'autant plus réel que, chez les intellectuels, même concernés, on commence à manger bien : la cuisine (qui peut être la meilleure ou la pire des choses, comme l'Europe) n'est plus du tout à leurs yeux la science des imbéciles (l'écriture non plus d'ailleurs : ils vous font des lettres à la main, rédigées à l'encre violette sur du vélin d'Arches sorti d'un moulin, comme le poivre de Setchouan). Ils adorent préparer le repas. Ça les « désangoisse », paraît-il. Et l'on mesure ici l'utilité du *Dictionnaire*. À propos de n'importe quoi, il vous met sous la main une idée prête. Il vous autorise à soutenir la conversation sans élever le débat. La pensée Moulinex libère le gourmet. Qu'on ait enfin la tête à manger, même en dînant.

## Premiers secours

Venu à bout de cette préface (toujours *trop longues*, les préfaces), vous sautez sur vos pieds : prié à dîner tout à l'heure chez des gens où l'on mange beaucoup (et vous avez très faim), où l'on pense davantage (et vous avez très peur), vous craignez de ne pas savoir assez de choses déjà dites, qui vous ôteraient le souci d'avoir des choses à dire. Vous arrivez de l'étranger, ou d'une autre planète, ou encore vous ne lisez rien, ne voyez rien, vous débutez dans le monde à 9 heures, il est 8 h 45, bref, le temps vous manque pour apprendre par cœur des bêtises. Deux ou trois conseils mais rapido.

*Pour être dans la note au moindre coût.*

1. En faire trop plutôt que pas assez (voir plus haut). User de Kafka et de Zola. Kafka, c'est l'Administration ; une chambre d'hôtel avec un lavabo, c'est Zola (qu'on n'aille pas se tromper : l'Administration n'est jamais Zola, sinon pour ses agents). Se rappeler, par ailleurs, que la société est un vaste hôpital de jour, et les personnes de votre entourage, tous des malades mentaux : mégalos, mythos, hystéros, schizos, voire « au bord de l'autisme ». Les plus chanceux sont au mieux caractériels, paranos ou « hyper-angoissés » (les enfants sont moins atteints : seulement débiles ou crétins). Et, bien sûr, qu'on soit névrosé : c'est le signe d'une bonne santé.

2. Ne reculer devant aucun pléonasme : le black-out est total et les coups de théâtre, inattendus.

3. Jouer sur les couples et les oppositions. Depuis Racine et Corneille, tout va par deux dans ce pays [1]. Les destins les plus singuliers, la mise en parallèle les a changés en devoirs sur table mais celle-ci est d'un grand secours à l'oral. Si l'on vous dit Anquetil, Robespierre, Delon, Bourdieu, Voltaire, qu'on réplique aussitôt Poulidor, Danton, Belmondo, Touraine, Rousseau. Très recherchés, les doubles mixtes : opposer de Gaulle à Pétain et ensuite à Mitterrand ; Sartre autorise à dégager sur Camus mais encore sur Aron.

4. D'un personnage du XVI^e^ siècle, saluer la modernité ; son étonnante modernité, s'il est du XII^e^ ; sa surprenante actualité, s'il est d'avant J.-C.

5. Ringard, en revanche, ce qui est d'hier.

*Pour se rendre intéressant à peu de frais.*

1. Faire l'éloge vibrant (toujours *vibrants*, les éloges) d'un personnage dont nul n'a rien à foutre. S'échauffer pour Leconte de Lisle.

2. Refuser le « politiquement correct » (toujours *refusé*, le « politiquement correct »). Défendre la cause de Milosevic ou de Saddam Hussein. Exalter les curés en soutane. Avoir pour auteur de chevet un écrivain antisémite. Descendre Godard. Saluer Grangier. Faire son nietzschéen.

---

1. Voir *Les Hexagons.*

3. Avoir la passion des grands mystiques, si l'on est un athée. Tout connaître du monophysisme, du nestorianisme, du pélagianisme ; avoir le goût des hérésies.

4. D'un grand écrivain, rabaisser les chefs-d'œuvre. Dire de Flaubert qu'il est meilleur dans le court. Ou, démarche inverse, qu'on dépoussière les poncifs. Du *Corbeau et du Renard*, qu'on fasse une relecture.

*Pour montrer à table qu'on pense entre les repas.*

Savoir les expressions *mise en abyme* et *construction spéculaire*. Dénoncer le *spectacle* (au sens de spectacle, non de spectacle). Prononcer les mots *altérité, anomie, aporie, atticisme, épistémé, éponyme, iconique, immarcescible, instrumentalisé, matité, mnésique, mucilagineux* (si l'on dîne chinois), *palimpseste, paradigme, psyché, rédimer, scholie, sémiotique* et *vulgate.*

Mangez bien.

# A

ABCÈS. Il est temps de le vider.
ABDIQUER. C'est toujours « toute pudeur ».
ABONNÉS. « Vieux » quand ils écrivent aux journaux.
ABRICOTS. Nous n'en aurons pas encore cette année.
ABSENTÉISME. Un métier. Les « professionnels de l'absentéisme » sont députés, professeurs ou employés. (Les autres : « en déplacement ».)
ABSURDE. Le sens de l'absurde, c'est dans la mentalité des Anglais.
ABYME. Parler de « construction en abyme » : cela cloue des becs.
ACADÉMIE FRANÇAISE. La dénigrer, mais tâcher d'en faire partie si l'on peut. Dire : « la vieille dame du Quai Conti ». C'est le comble du non-conformisme que d'y entrer. (On n'est jamais candidat par vanité.)
ACARIENS. Si on pouvait les voir, on en serait effrayé.
ACCÉLÉRATION. Celle de l'Histoire : formidable. Il n'y a pas si longtemps, on allait chercher le lait tous les matins.

ACCENT. « Parler sans accent » : avec le même accent que vous et moi. L'accent allemand est métallique ; celui des Canadiens, irrésistible. Ensoleillé au soleil et rocailleux dans les cailloux.

ACCIDENT. Toujours déplorable ou fâcheux (comme si l'on devait jamais trouver un malheur une chose réjouissante...). Ou encore stupide ou bête (comme si l'on devait jamais trouver un malheur intelligent ou astucieux...).

ACCIDENTS DOMESTIQUES. Dire d'un accident domestique qu'il n'aurait jamais dû se produire (encore heureux !).

ACCORTE. Ne se dit que d'une servante. Qui ne se dit plus. Bref, ne se dit pas.

ACCOUCHEMENT. Mot à éviter ; le remplacer par événement. « Pour quelle époque attendez-vous l'événement ? »

ACCOUTUMANCE. Redoutable. Il y a une force de l'habitude mais l'accoutumance est une faiblesse horrible.

ACHARNEMENT. Thérapeutique ou judiciaire.

ACHAT. Tout s'achète de nos jours.

ACHETER. C'est le moment (voir *Vendre*).

ACHEVÉ. « X nous donne là son livre le plus achevé » : le dernier publié.

AÇORES. C'est un anticyclone mais des gens y habitent !

ACQUIS. Au pluriel, ils sont sociaux. Au singulier, forme avec l'inné un couple inséparable. Sujet de querelle. L'inné : de droite ; l'acquis : de gauche.

ACTEUR. Son plus beau rôle : celui de père.

ACTIVISME. Moderne pour « action ». Dire : « Son activisme a fini par payer. »

ACTIVITÉ. Nom donné au travail des vieux. « Encore en activité » : devrait être à la retraite.

ACTIVITÉS. Nom donné au travail des enfants depuis qu'il est interdit par les traités. Activités d'éveil : qu'on ne doit pas confondre avec la gymnastique du matin.

ACTOR'S STUDIO. Pas un acteur américain qui ne s'en inspire quand il fait des grimaces.

ACTRICE. Son plus beau rôle : celui de mère.

ACTUALITÉ. Avoir une actualité : passer à la télévision. Hebdomadaire de l'actualité heureuse : ne s'occupe que du malheur des grands.

ACTUEL. Dire : « C'est *très* actuel » car « c'est actuel » ne suffit pas.

ADAGE. Toujours « vieil ».

ADAPTATION. 1. prend généralement un certain temps ; 2. bloqué par la neige, ayant dormi dans sa voiture, qu'on dise que, de toutes les espèces, il n'y a que l'homme qui s'adapte à tout.

ADIEU. Ce n'est qu'un au revoir puisqu'on précise « *dernier* adieu ». Au pluriel, évoquent aussitôt le music-hall ou Fontainebleau. Les adieux au public : toujours provisoires.

ADMINISTRATION. Sujet d'accablement. Dire : « Que voulez-vous, c'est l'Administration... » (voir *Méandres*).

ADOLESCENTES. Quand elles ne sont pas anorexiques, elles mangent trop.

ADRESSE. Endroit pour initiés qui se trouve dans les guides.

ADULTES. *Politique* : rappeler toujours que les Français sont des adultes.

ADVERSAIRE. On connaît ses ennemis mais il ne faut pas se tromper d'adversaire.

AFFAIRES. Depuis qu'il n'y a plus de scandales mais des affaires, on garde la tête haute et les suicides sont moins fréquents.

AFFECTS. Qu'on ne se laisse pas gouverner par ses affects.

AFFIRMATION. Souvent gratuite.

AFRICAIN. Vieilli pour « Black ». L'Africain est festif, a soin de sa toilette, ne laisse pas tomber ses cousins. Ce qu'il y a, c'est qu'il est polygame.

AFRIQUE. Mis de côté les massacres, les guerres, les famines, les dictatures et l'accaparement des richesses, c'est un merveilleux continent. On y voit des animaux en liberté.

ÂGE. Dire : « J'ai douze ans d'âge mental. » C'est très valorisant.

ÂGE (Moyen —). Époque fabuleuse qui, débutée par miracle en 476, s'acheva brutalement en 1453. Nulle, en revanche, pour ce qui touche aux droits sociaux. (S'écrier avec indignation, au sujet des conditions de travail, qu'on se croirait au Moyen Âge.)

ÂGE D'OR. BD, SF, Hollywood, film noir, comédie musicale, grands orchestres, couture, cirque, opérette et, d'une façon générale, tous les arts appliqués ont connu leur âge d'or avant 1960.

AGENDA. Avoir un agenda bien rempli et un bon carnet d'adresses.

AGGIORNAMENTO. Absolument nécessaire.

AGNEAU. On ne mange plus que cela : le mouton est trop fort. (Mais qu'en font-ils ?)

AIGUILLES. Ne pas laisser les enfants jouer avec des aiguilles à tricoter, ils risqueraient de se faire des pull-overs.

AIL. Parler d'un accent qui sent « l'ail ». Marseille, Lyon, Bordeaux : ail, oignon, échalote. Qui n'aime pas l'ail est un pisse-froid.

AIR. Toujours se méfier des courants d'air. Invariablement, le fond de l'air est en contradiction avec la température ; si elle est chaude, il est froid, et l'inverse.

AIR DU TEMPS. Être « en prise » avec lui.

AIRAIN. Métal de l'Antiquité.

ALARME (Sonnette d'—). Il est temps de la tirer et de mettre les pendules à l'heure.

À LA MAISON. C'est meilleur qu'au restaurant.

ALBANAIS. Habitants de l'Albanie : reconnaissables à ce qu'ils veulent quitter l'Albanie. Qu'un Albanais sachant écrire : Kadaré.

ALBANIE. Dernière contrée sauvage de l'Europe. Le « Pays des Aigles ».

ALBIGEOIS. Sympathiques fanatiques occitans. Victimes des barbares venus du Nord. Vibrer à l'évocation du bûcher de Montségur. Ne jamais supposer qu'ils ont aussi commis des atrocités.

ALCHIMIE. Toujours savante, subtile ou mystérieuse. Plus chic en cela que la chimie (voir ce mot).

ALCOOL. Abuser avec modération. Un petit alcool fait du bien. Aussi ne faut-il pas confondre l'alcool et les alcools ; encore moins l'alcool et le vin.

ALCOOLIQUE. On peut l'être sans le savoir. La femme alcoolique : spectacle d'épouvante.

ALCOOLIQUE REPENTI. Encore plus pénible que quand il buvait, avec son Schweppes. Mais ne lui versez pas seulement un demi-verre, ça le tuerait.

ALCÔVE. Ne sert plus qu'aux secrets du même nom car on dort dans des lits.

AL DENTE. Que tout soit *al dente*, sauf la purée.

ALÉSIA. Défaite particulièrement réussie, comme Bir Hakeim. (Qui se soucie de la victoire de Gergovie ?)

ALGÉRIE. « Tant de liens nous unissent à ce pays. » (Dire cela avec émotion.)

ALLÉGATIONS. Toujours sans fondement.

ALLÉGÉ. Mieux que léger.

ALLEMAGNE. Redouter ses vieux démons.

ALLEMANDS. Même les écologistes allemands sont des gens sérieux. Le seul peuple au monde qui soit mûr pour le divan car il a honte de ses parents.

ALLEN (Woody). On rit à ses films avant qu'ils aient commencé. Qui ne le voit pas génial est un beauf. Dire « Woody ». Être soi-même « une sorte de Woody ».

ALLERGIQUE. Il faut l'être « complètement » aux voyages organisés, aux idées de l'extrême droite et à un certain genre de comique.

ALLIANCE. Souvent « contre nature », ce qui la distingue du mariage.

ALLUSIONS. Perfides ou salaces. Ou les deux.

ALSACE. Douée d'un riche folklore. C'est un pays très propre. Avoir une anecdote sur l'Alsacienne qui refuse qu'on salisse ses cendriers avec des mégots. Ils boivent aussi bien de la bière que du vin et vous mangeriez par terre dans leurs étables. L'Alsace tombe allemande de temps en temps sans prendre aucun défaut des Allemands. (Dire, parlant d'eux : « Nos puissants voisins. »)

ALTERNANCE. « Respecter l'alternance » : moderne pour « être un démocrate ».

ALZHEIMER. « C'est mon Alzheimer qui me joue des tours » veut dire qu'on a oublié quelque chose.

AMAZONIE. Un paradis où il n'arrive que des malheurs. Parler du *fin fond* de la forêt amazonienne où se trouvent quelques tribus.

AMBASSADEUR. Ambassadeur de la chanson française, ambassadrice du charme, de l'élégance : emphatique pour « vedette en déplacement à l'étranger ».

AMBITION. « Démesurée » ou « folle » quand elle n'est pas « noble ». Il vaut mieux avoir de l'ambition qu'être un ambitieux (pis : un *vulgaire* ambitieux). *Politique* : ne pas avoir d'ambition personnelle mais nourrir de grandes ambitions pour ce pays.

AMBIVALENTE (Avoir une personnalité —). C'est beaucoup mieux qu'être ambigu.

AMBULANCE. On ne tire pas sur une ambulance. (Vieilli mais vache.)

ÂME. N'a plus que des « états ». Ce qui rend l'âme de nos jours : les téléviseurs et les grille-pain.

AMÉRICAIN. C'est américain, donc ça va arriver chez nous. *Peuple américain* : vaut cent fois mieux que l'Amérique.

AMÉRIQUE. Paradis des *serial killers* non fumeurs. Les pauvres y sont très pauvres, les riches, très riches, les autres sont avocats ou en prison.

AMERTUME. Marque du vrai chocolat (voir ce mot). Faire semblant de regretter l'amertume des endives d'autrefois.

AMI. L'amitié, plus précieuse que l'amour.

AMIRAL (Vaisseau —). Siège de société.

AMNISTIE. Toujours souhaiter l'amnistie la plus large.

AMONT (En —). C'est là qu'il faut agir.

AMORAL. De bon augure. La conclusion « parfaitement amorale » signe l'œuvre réussie.

AMOUR. Au pluriel, toujours « tumultueuses ».

AMOUR-HAINE. Moins rebattu que le sujet de l'amour. Avoir des relations d'amour-haine est jugé très élégant.

AMUSANT. Tout vin pas cher est « amusant ». Escargots à l'infusion d'orange et de thym : exemple de plat « amusant ».

AN II. Son esprit. Ses soldats magnifiques.

AN DEUX MILLE. Chic : aller passer le réveillon dans un pays « sans an 2000 ». Plus chic encore : fêter l'an 2000.

ANALPHABÉTISME. Ne jamais parler d'analphabètes, c'est injurieux, mais d'illettrés. L'illettrisme (voir ce mot) vous tire des larmes. Anecdote de la jeune femme qui tient son journal à l'envers dans une salle d'attente.

ANALYSE. Ne pas suivre une psychanalyse mais être en analyse ou être analysant.

ANALYSES. C'est toujours celles du sang : « As-tu fait tes analyses ? » On parlera très volontiers de ses analyses à table, cela change des régimes.

ANAR. Toujours précédé de « vieil ». Redouter l'anarchie mais adorer les « vieux anars » — qui peuvent être de gauche ou de droite. Soi-même, on l'est un peu ou sur les bords, surtout si l'on est académicien, notaire ou pédégé.

ANARCHIE. Celle qui « règne » est « la plus totale ».

ANCIEN. Aimer l'ancien mais « dans son jus ».

ANCIENNE ÉGYPTE. Spécialité de réincarnés. Avoir été, dans une vie antérieure, scribe ou courtisane à la cour de Pharaon.

ANCRÉ. Cela ne suffit pas d'être ancré, il faut l'être « profondément ».

ANDOUILLETTE. Parler avec émotion de l'andouillette AAAA, et plus il y a de A, plus c'est drôle.

ANGES. On ne va pas se mettre à discuter de leur sexe.

ANGLAIS. Gentlemen ou voyous. Leurs prolétaires boivent du thé et savent rester marrants quand ils sont au chômage. (Le cinéma social est aux Britanniques ce que le film d'auteur est aux Français.) L'Anglais retiré est le meilleur du Britannique. (Il est colonel et cultive des courges qui gagnent des concours ; elle est romancière et compose des histoires sanguinaires en taillant ses rosiers.) Les grandes universités de là-bas forment excellemment des espions. Ne dites jamais au Gallois qu'il est anglais. Non plus qu'à l'Irlandais. Non plus qu'à l'Écossais. D'une façon générale, les non-Anglais ne sont pas des Anglais. Parler de l'affection des Anglais pour les Américains malgré la barrière de la langue : cela fait rire.

ANGLETERRE. 1. ne pas oublier que c'est une île. 2. ne pas confondre le pays (où il y a surtout des pâturages et des mines abandonnées) et la capitale (dont la spécialité est l'avant-garde).

ANGLO-SAXONS. Le contraire exact des Latins. D'ailleurs, ce sont des protestants.

ANGOISSE. Élégant pour « anxiété ». Dormir, ne pas dormir, manger, ne pas manger : signes d'angoisse. Tout le monde est angoissé, en particulier les névrosés. Or tout le monde est névrosé (voir ce mot).

ANIMAL. A droit à la même considération que le reste du genre humain. Un animal n'aurait jamais eu l'idée du Goulag ni du manteau de murmel. Quand on voit leurs yeux, on ne peut croire qu'ils ne sont pas intelligents. Dire « animal politique » (mais « bête de scène »).

ANJOU. Tout y est doux, jusqu'aux gens.

ANNÉES-LUMIÈRE. « On en est à des années-lumière » signifie que ce n'est pas pour tout de suite.

ANNÉES NOIRES. Pendant « les années noires » eurent lieu « les heures les plus sombres de notre Histoire » (voir ces mots).

ANNEXE DE RESTAURANT. C'est aussi bon qu'au restaurant.

ANNONCE. Lui préférer l'« effet d'annonce ».

ANOREXIQUE (Complètement —). Jeune fille mince.

ANQUETIL. Ce qu'il a fait de mieux dans sa carrière : permettre à Poulidor d'être deuxième.

ANTÉRIEURE (Vie —). Ce qu'on a été dans une vie antérieure explique beaucoup de choses. (Si ce n'était pas un animal, c'était quelqu'un à la cour d'Akhenaton.)

ANTICIPER. Il faut prévenir les catastrophes mais, pour le reste, on « anticipe ».

ANTI-COMMUNISME. Toujours suivi de « primaire ». Les plus farouches à cet égard sont les anciens du PCF.

ANTI-CONFORMISME. C'est encore du conformisme. Être non-conformiste.

ANTI-CONFORMISTE. Moderne pour « réactionnaire ».

ANTICYCLONE. Moderne pour « beau temps ».

ANTIGONE. Parler de la protestation d'Antigone : signe d'un esprit raffiné.

ANTI-HÉROS. Un héros d'aujourd'hui.

ANTILLAIS. Tous fonctionnaires, c'est bien la preuve qu'ils sont Français. L'Antillais est postier, l'Antillaise aide-soignante.

ANTIQUITÉ. Dire que n'importe quoi remonte à la plus haute Antiquité suggère qu'on a lu Vialatte.

ANTI-SÉMITE. Se reconnaît à ce qu'il n'a rien contre les Juifs.

AOÛT. C'est un moment idéal pour travailler. Être à Paris au moins une partie du mois d'août (en province, on fait ce qu'on veut).

APHRODISIAQUE. Le pouvoir, un puissant aphrodisiaque. Les autres : tous bidon.

APNÉE (Être en —). Moderne pour « se boucher le nez ».

APOLITIQUE. Confidentiel pour « de droite ».

APPAREIL. Péjoratif pour organisation. Évoquer de « sombres manœuvres d'appareil ». L'homme d'appareil : toujours gris.

APPARENCES. Trompeuses. S'en méfier.

APPARTEMENTS. Neufs, ils sont surchauffés. Anciens, il faut les casser pour en faire quelque chose.

APPELLATION D'ORIGINE CONTRÔLÉE. C'est comme le bac, on la donne à tout le monde.

APPENDICITE. Démodée. Souffrir d'une hépatite.

APPÉTIT. Au singulier, souvent gros ; au pluriel, toujours grossiers.

APPRENTI. Noblesse de l'apprentissage. Nécessité absolue de former des apprentis. En quoi ? Peu importe.

APPRENTI-SORCIER. Dénoncer sans relâche qui joue à l'apprenti-sorcier. Le sorcier de métier a, lui, pignon sur rue.

APPRÊTS. Toujours « inutiles ».

APPROCHE. Comme la donne, elle est « nouvelle ».

APRÈS. Rien ne sera plus comme avant.

ARABES. Ceux que nous appelons des Arabes sont souvent des Berbères (voir ce mot). Il y a des Arabes qui sont chrétiens !

ARABICA. Toujours précédé de « pur ». Le seul café possible.

ARAGON (Louis). Mais quel style !

ARBRES. Pensez à ces forêts qu'il a fallu abattre pour imprimer ça.

ARCANES. Évoquer les « arcanes des cabinets ministériels ».

ARC DE TRIOMPHE. N'y aller jamais. Il n'y a là que des étrangers, lisant le nom de leurs défaites.

ARCHAÏSMES (— de la société française). Péjoratif pour « exception française » (voir ces mots).

ARCHÉOLOGIE. C'est très sain pour la jeunesse.

ARCHITECTES. Tous imbéciles. Oublient toujours l'escalier des maisons.

ARDOISE. L'ardoise est le matériau des rois.

ARÈNE (Descendre dans l'—). Vieilli pour « aller au charbon ».

ARGENT. Pour nous ce qu'est le sexe aux Américains : un objet de scandale. On ne parle pas d'argent à table (mais de la finance, tant qu'on veut).

ARGENT (Vieil —). Vient d'un vol mais très ancien.

ARGENT PUBLIC. Normalement, « gaspillé ».

ARISTOCRATIE. Très appréciées : les « aristocraties ouvrières ».

ARMÉE. Dire que la grande Muette ne l'est plus tellement.

ARMÉE MEXICAINE. Équipe dirigeante d'une entreprise de presse.

ARMÉE ROUGE (Chœurs de l'—). Force d'occupation accueillie avec enthousiasme à l'appel des comités d'entreprise.

ARMÉNIENS. Toujours sympathiques, à cause du génocide. Tous dentistes.

ARON (Raymond). L'opposer à Sartre Jean-Paul. Raisonnable, d'où son air triste.

ARRÊT DE TRAVAIL. On ne se met pas en arrêt de travail pour le plaisir. (C'est la partie émergée de l'iceberg.)

ARRÊTER. Rêver de tout arrêter (voir *Rêver*).

ARRIÈRE-PAYS. Très supérieurs aux pays.

ARRIÈRE-SAISON. Les saisons, c'est un mauvais moment à passer mais les arrière-saisons sont délicieuses.

ARRIVER. Blâmer qui « arrive ». C'est toujours par les femmes, les beaux-parents, l'entregent, l'escroquerie, la spéculation ou par des crimes affreux.

ARROSEUR. Ne s'intéresser à lui que s'il est arrosé.

ART. Parler du marché de l'art vous épargne le souci de parler d'art. L'enseignement artistique : éternellement sacrifié.

ART CONTEMPORAIN. Moderne pour « art moderne ». Depuis qu'il attire les bourgeois, on a le droit de s'en moquer.

ART DE LA FUGUE. L'évoquer, marque d'un esprit délicat.

ARTILLERIE. Grosse quand on la sort.

ARTISAN. Noblesse de l'artisan. Indispensable depuis qu'il n'est plus nécessaire. Dire, si l'on est un écrivain, qu'on se voit comme un artisan, une espèce de menuisier. Ou d'ébéniste, si l'on se croit.

ARTS ET LETTRES. Se vanter d'avoir « les arts et lettres » : signe qu'on connaît des ministres.

ARTS MARTIAUX. Tous inventés par des moines bouddhistes dans une île du Pacifique au IXe siècle. Ce n'est pas pour tuer, c'est « spirituel ». Ne blesser l'adversaire qu'en évitant de le faire exprès.

ASCENSEUR (Renvoyer l'—). Moderne pour « remercier ».

ASCENSEUR SOCIAL. N'en parler que s'il est en panne.

ASCÈTE. Un buveur d'eau qui se couche à onze heures.

ASCENSION. Quand elle n'est pas « irrésistible », c'est qu'elle est « résistible » à cause de Brecht.

ASEPTISÉ (Univers —). Moderne pour « bureau moderne ».

ASHKÉNAZE. Tout le contraire du Séfarade.

ASIATIQUES. Immigrés sages. Ils arrangent leurs affaires entre eux. Tous cousins et commerçants. Un bon « chinois » : des « Chinois » y mangent. On ne sait pas ce qu'ils font de leurs morts. Évoquer les Triades en frissonnant. Les filles travaillent bien à l'école.

ASIE. Exporte essentiellement des méthodes de sagesse, des techniques médicales répugnantes mais naturelles et des procédés de divination millénaires, ainsi que des arts martiaux inventés par des moines au IX^e^ siècle, dans une île du Pacifique.

ASSASSIN. Toujours lâche ; même quand il a été intrépide et audacieux. Moins coupable qu'un incendiaire.

ASSASSINAT POLITIQUE. Les vrais coupables ne sont pas ces minables qu'on arrêta dans l'heure qui suit. L'enquête a été bâclée et les témoins sont morts dans des « accidents ». On ne connaîtra jamais la partie immergée de l'iceberg qui met en jeu les plus hauts rouages de l'État.

ASSIETTE. Qu'y aura-t-il demain dans notre assiette ?

ASSISE (Saint François d'—). Dire « le Poverello ». Tout le monde l'adore, même les athées.

ASSOCIATION. Ajouter « 1901 », cela rassure (par opposition sans doute à l'association de malfaiteurs). L'association 1901, une gloire de la France. *Politique* : on tiendra dans la plus haute estime le « monde associatif ».

ASSUMER SA SEXUALITÉ. Moderne pour « être homosexuel ».

ASSUREURS. Tous voleurs (voir *Banquiers*).

ASTÉRIX. À propos d'un mouvement bizarre de l'opinion, s'écrier : « C'est que nous sommes au pays d'Astérix ! »

ASTROLOGIE. On n'y croit pas une seconde, d'ailleurs on est Verseau : les Verseaux savent que ce sont des sornettes (voir *Horoscopes*).

ASTRONOMES. Tous poètes.

ATELIER. Noblesse de l'atelier (voir *Artisan*).

ATHÈNES. Très mal conservée.

ATLANTIQUE. Plus sain que la Méditerranée pour les enfants.

ATLAS. Il suffit d'ouvrir un atlas pour mesurer à quel point la France est un petit pays.

ATOLL. Un seul : Mururoa.

ATOME. Valorisant pour « nucléaire » : l'atome a connu beaucoup d'applications positives et il n'y a pas de « déchets atomiques ». Les physiciens de l'atome (les « savants atomiques ») avaient des cas de conscience et des cravates mal nouées. Citer Oppenheimer.

ATROCITÉS (Dire des —). Moderne pour « sortir des vannes ».

ATTAQUES. Insupportables quand elles sont « faites *ad hominem* ».

ATTIRANCE. Éprouver un « mélange d'attirance et de répulsion » est jugé très élégant.

ATTOUCHEMENTS. Sexuels, forcément.

ATTRAIT. Exercer un attrait « certain » plutôt que supposé.

ATYPIQUE. Personnalité atypique : homme d'État s'exprimant comme n'importe quel type. Parcours atypique : polytechnicien qui serait ingénieur ; haut-fonctionnaire n'allant pas dans le privé.

AUBE DU TROISIÈME MILLÉNAIRE. Coïncide exactement avec l'orée du XXIe siècle.

AUDIMAT. Moderne pour « opinion », sauf que l'Audimat est stupide et tyrannique. Faire de l'Audimat : se rouler dans la boue. Contraintes de l'Audimat : torture pour les artistes.

AUDIT. *Politique* : en arrivant au pouvoir, commander un audit (voir *Héritage*).

AUGURE. « J'en accepte l'augure » : littéraire pour « OK ».

AUJOURD'HUI. « Femme d'aujourd'hui » : moderne pour « femme moderne ». « Dans le monde d'aujourd'hui » : moderne pour « à notre époque ».

AURA. Avoir une certaine aura.

AUSCHWITZ. Peut-on écrire après Auschwitz ? (La réponse est oui.) Peut-on *penser* Auschwitz ? (La réponse est oui.)

AUSTRALIENS. Tous descendants mal dégrossis de bagnards et de filles de joie. Quand ils n'élèvent pas des moutons, ne songent qu'à se baigner.

AUTARCIE. Vivre en autarcie : le pire des vices « dans le monde d'aujourd'hui ».

AUTEURS. On ne trouve plus d'auteurs qu'en France, où ils tournent des films d'auteur.

AUTOBIOGRAPHIQUE. Tout roman est un peu autobiographique, forcément.

AUTOCAR. Rempli de vieilles dames ou de touristes, au contraire de l'autobus.

AUTOCENSURE. C'est la pire de toutes les censures mais comment l'éviter ?

AUTOCRATE (Vieil —). Patron français.

AUTODIDACTE. Se flatter d'être un autodidacte. (Cacher en revanche ses diplômes.)

AUTOFLAGELLER (S'—). Arrêter de s'autoflageller.

AUTOMOBILE. Bel objet. Rien à voir avec la voiture, encore moins la bagnole.

AUTO-RADIOS. Tous volés. Ont été conçus pour.

AUTRE (L'—). Il faut aller vers l'Autre mais se méfier de son voisin.

AUTREMENT. On doit s'y prendre « autrement ». Faire de la politique « autrement ». Comment ? On n'en sait rien.

AUTRICHE. Elle n'est pas handicapée comme l'Allemagne par ses « vieux démons ». L'Empire austro-hongrois : bonasse. Tous les Viennois étaient des artistes. (Aujourd'hui : des provinciaux.)

AUVERGNATS. Variété de Parisiens. Économes et rusés. Tous dans la limonade ou dans la politique.

AUVERGNE. Produit essentiellement des produits d'Auvergne.

AVANT. C'était mieux.

AVANT-GARDE. Il n'y a plus d'avant-garde. Ça ne marche vraiment que dans les après-guerres. Parler avec mépris des « vieux avant-gardistes ».

AVANT-GUERRE. Sorte d'entre-deux-guerres où la vie était moins chère et les étés plus chauds. L'insouciance caractéristique des avant-guerres est cause qu'on n'aperçoit pas la « montée des périls » (voir ce mot).

AVANTAGES. Du moment qu'ils sont « acquis », les remettre en cause.

AVARES. Tournés en dérision par les radins.

AVENIR (Promis à un grand —). Un jeune quand il est mort.

AVÉRÉ. Plus que vrai.

AVERS. Ce côté de la médaille dont il n'est jamais question.

AVERTISSEMENT. C'est quand il est sans frais qu'il va vous coûter cher.

AVEUGLES. Ils ont leur façon de voir.

AVEYRON. Connu pour ses Aveyronnais.

AVION. Toutes les fois qu'une catastrophe aérienne est annoncée, avec trois cents morts, rappeler que rien n'est plus sûr que l'avion.

AVOCATS. Leur pays, c'est l'Amérique, où ils vivent en colonie comme les pingouins.

# B

Baby-boom (Enfants du —). Expliquer au baby-boomer qu'il a connu des temps paradisiaques, ce dont il ne garde aucun souvenir.

Baby-boomer (Enfants du —). Tous élevés par le Dr Spock, qui leur a enseigné les barricades et l'usage des stupéfiants.

Baby-sitter. Dire à la maman qu'elle devrait s'en méfier. L'appeler sa « jeune fille ». Venue d'un pays lointain : les gosses l'adorent mais elle met du piment dans les nouilles.

Baccalauréat. Un « passeport ». Un « rite ». On le donne à tout le monde (pourvu que nos enfants le réussissent !). Nommer des célébrités qui ne l'ont pas eu, c'est-à-dire Malraux.

Bagage. « Intellectuel. » (Pas de bagage manuel mais « à main ».)

Bâillement. Il faut dire : « Excusez-moi, ça ne vient pas de l'ennui, mais de l'estomac. »

Balancier. Craindre son retour et celui du bâton.

BALBUTIEMENTS. Souvent précédés de « premiers » : les derniers balbutiements n'intéressent personne.

BALÉARES. Ne pas aller aux Baléares.

BALEINE. Animal sacré depuis la disparition des corsets. Imiter le chant d'amour des baleines assure un franc succès en société.

BALKANS (Question des —). Toujours sans réponse.

BALTARD. Les Halles furent « de Baltard » une fois qu'elles ne furent plus.

BALZAC. Il faut passer les descriptions. L'opposer à Stendhal. Où trouvait-il le temps d'aimer des femmes ? A passé sa vie en robe de chambre et buvant du café.

BAN. Jamais convoqué sans l'arrière-ban.

BANLIEUSARD. Tout habitant des banlieues qui n'est pas un jeune des banlieues.

BANQUIERS. Tous voleurs (voir *Cliniques*).

BAR. Les bars des grands hôtels. Leur atmosphère inoubliable. On n'osait pas y entrer, on avait tort. Et ce n'est pas si cher que ça.

BARAGOUIN. Manière de parler aux étrangers. Toujours rire de l'étranger qui ne parle pas le français.

BARAQUE. Moderne pour « villa ».

BARBARIE. Quand les voitures s'arrêteront pour que les piétons passent, ce pays aura quitté la barbarie.

BARBE. De deux jours : affectée. De trois jours : négligée. Entière : cache sûrement quelque chose.

BARBÈS. Endroit élégant où se trouve Tati.
BAROQUE. Tout ce qui n'est pas « minimaliste » ou, à l'opposé, « surréaliste », c'est du baroque.
BARQUE. Éviter de la charger trop.
BARRE. Toujours « fatidique » sitôt qu'elle est franchie (trois millions de chômeurs, etc.).
BARREAU. Dernier endroit où l'on trouve de « grands ténors ». (Toujours les admirer, surtout quand ce sont des crapules.)
BARRICADES. Spécialité française immémoriale. Une génération qui n'a pas connu des barricades fait bâiller en société.
BASILIQUE. Synonyme pompeux d'église ; est toujours imposante.
BASKET-BALL. Souverain contre la délinquance.
BASQUES. Peuple bondissant et côtier. Le curé basque ne joue à la pelote qu'en soutane. On ne sait d'où ils viennent. La langue basque n'a pas inventé la voyelle. Tous contrebandiers mais par goût des traditions. Du terrorisme, du folklore ou du gâteau basque, quoi redouter le plus ?
BASSE-FOSSE. On ne s'intéresse qu'à son cul.
BASTILLES. Après deux siècles, des bastilles restent à prendre.
BASTION. Toujours « le dernier ».
BÂTARD. Il n'y a plus de bâtards que les compromis et les chiens.

BÂTON. Précédé de la carotte.

BB. Ah, rendez-nous notre BB d'avant !

BÉARN, AGENAIS, POITOU, SAVOIE, GASCOGNE, NANTAIS, QUERCY, NIVERNAIS, JURA, ROUERGUE, etc. Pays du bien boire et du bien manger.

BEATLES. Parler du « temps des Beatles ». Avoir été « Beatles » ou « Rolling Stones » : ultime péripétie de la lutte des classes.

BEAUCE. Middle West français. Du blé partout, grâce à quoi la cathédrale de Chartres se voit de loin (on serait en peine de citer un autre bâtiment).

BEAUCERONS. Toujours opulents. Pas de vrais paysans mais des céréaliers. Détournent l'argent des subventions.

BEAUFS. Parler des beaufs avec mépris. C'est mieux vu que de ne pas aimer le peuple.

BEAUJOLAIS. Il ne faut jamais en boire, ça fait mal à la tête. Sauf si l'on a des « adresses ».

BEAUVOIR (Simone de). Le deuxième sexe de Sartre Jean-Paul.

BEAUX ESPRITS. Vivent dans l'ignorance des malheurs du peuple (que soi-même on côtoie). Prévoir leurs arguments (« les beaux esprits diront... ») et d'avance les réfuter.

BEAUX QUARTIERS. Là où habitent les beaux esprits.

BECKETT (Personnage de —). Toute personne croisée dans une poubelle.

BELFAST. À Dublin, on boit pour chanter ; à Belfast, pour oublier.

BELGIQUE. Pauvre Belgique.

BÉLIER. Sorte de bouc (voir ce mot).

BELLES ÂMES. Compagnes des beaux esprits.

BÉNÉVOLAT. A remplacé les œuvres comme l'humanitaire, la charité. Se consacrer au bénévolat : un projet pour la retraite.

BERBÈRES. Ne pas les prendre pour des Arabes. La culture berbère a remplacé la civilisation arabe chez les gens fins.

BERCAIL. On part de chez soi mais on rentre « au bercail ».

BERCHTESGADEN. Type de nid d'aigle. Hitler y badinait.

BERGER. En sait long sur la nature. Hélas ! peu causant.

BERGER ALLEMAND. Désuet pour « pittbull ». Plus allemand que berger. D'ailleurs, s'appelle Wolf.

BERGMAN (Ingmar). Modèle de puritain aimant les femmes. Parler de l'ermite de l'île de comment-s'appelle-t-elle-déjà ?

BERRY. S'y méfier des sorciers.

BESOIN DE TRÈS PEU DE SOMMEIL. Le secret des génies, des auteurs prolifiques et de Napoléon.

BESOINS. Déplorer qu'on s'invente des besoins.

BEST-SELLER. Genre littéraire (on est « auteur de best-sellers »). Tube de papier : parler dès le printemps du « best-seller de l'été ». La Bible : plus grand best-seller de tous les temps.

BÊTE. Il est encore fécond, le ventre d'où est sortie la bête immonde.

BÉTON. Tonner contre.

BEURETTE. Toujours « délicieuse » et « petite ». Tient tête à son père. Entend ne pas finir comme sa mère. Réussit mieux que son frère.

BIBLE. D'un best-seller mondial, préciser qu'il est le « plus vendu après la Bible ». Contient des passages sacrément érotiques. Évoquer les « peuples du Livre », d'un air profond et d'un ton tolérant.

BICOQUE. Se dit d'une baraque (voir ce mot) plusieurs fois cambriolée.

BIDET. Fait partie de l'exception française (voir ces mots).

BIEN (Le — et le mal). Il faut inculquer aux enfants des choses aussi simples que la différence du bien et du mal. (Affirmer cela d'un ton grave, comme le fruit d'une réflexion.)

BIENTÔT. Si l'on dit d'une absente qu'elle aura bientôt quarante ans, répondre qu'elle les aura eus bien tard. C'est envisagé comme de l'esprit.

BIFTECK. Démodé. On ne mange plus de bifteck mais du rumsteak, de l'onglet, de la hampe, etc.

BIGARRÉ. Quand il y a des Noirs et des Arabes, une foule n'est plus seulement nombreuse mais bigarrée.

BIG BANG. Un bon début. Parler de big bang à tout propos.

BIG BROTHER. S'écrier, les yeux égarés : « Mais c'est Big Brother ! » (Lequel est « déjà parmi nous » !)

BIGOUDEN (Femmes —). Toutes cousines. Aussi elles boitent, mais fièrement : leur coiffe est la plus haute qui soit au monde.

BIJOUX. Ceux de sa mère se donnent à sa fille.

BILAN. En général, « contrasté ».

BILINGUE. Sait l'anglais. Parfaitement bilingue : sait l'anglais parfaitement.

BILLANCOURT. « Il ne faut pas désespérer Billancourt. » (Vieilli.)

BINAIRE (Sur un mode —). Élégant pour « à deux temps ».

BIOCHIMIE. Attire autant que la chimie révulse. Bioélément, bioénergie, biomasse, biogenèse, biophysique, biorythme, biosciences, biosphère, biosynthèse, biotechnologie, biothérapie, biotope, biotype et biovigilance sont des mots qui vous posent. *Non biodégradable* : chose atroce. *Bioéthique* : chose sainte.

BIOGRAPHIE. La partie immergée de l'iceberg. Si elle n'est pas « autorisée », on y mesure combien tout grand homme est petit.

BIP. Toujours « sonore » (le bip muet est de peu d'usage).

BIPOLAIRE. 1948 : constater avec effroi la « constitution d'un monde bipolaire ». 1998 : constater avec effroi la « disparition d'un monde bipolaire ».

BIR HAKEIM. Une défaite particulièrement victorieuse, dans la tradition d'Alésia (voir ce mot).

BISEXUEL. Tout le monde l'est plus ou moins. (Les messieurs diront cela d'une voix mâle et assurée.)

BISTROT. La « vraie cuisine de bistrot » se mange au restaurant (dans les bistrots, on ne trouve que des œufs durs). Un bistrot ne va pas sans des habitués braillards (mais fidèles), un patron bourru (mais gentil au fond) et sa femme (une sainte).

BIZUTAGE. Tonner contre. Qu'on le remplace par des actions positives, comme effacer les graffitis ou nettoyer les haies.

BLACK. Mot qui rassemble. Indispensable dans une maison bourgeoise. Permet d'éviter d'être un Noir, un Africain, un Antillais, un Nègre ou un homme de couleur (voir *Gay*).

BLACK-OUT. « Total » ou, à la rigueur, « le plus complet ».

BLANC (Petit —). Il n'y a pas de grands Blancs mais des « petits Blancs ». Fait sérieux quand on parle des beaufs (voir ce mot).

BLANC (En —). Apprenant que Machine se marie *en blanc*, qu'on se gausse.

BLANCHIMENT. Depuis que les pressings ont remplacé les blanchisseurs, on ne blanchit plus que de l'argent.

BLANQUETTE. C'est bon une bonne blanquette. Préciser : « à l'ancienne ». (Mais à quoi ressemble la nouvelle ?)

BLOCAGES. Blocages de la société française : moderne pour « protection sociale ».

BLONDES. Plus chaudes que les brunes.

BLUES. Le blues des policiers, des cadres, des enseignants : jazzy pour « malaise ».

BOCAGE. Mystérieux. Cache des crimes.

BŒUF. Nom de la vache quand elle est mangée. Ne jamais dire à l'hôtesse : « Cette vache est délicieuse. »

BON. C'est bon un bon sancerre. De façon générale, ce qui est bon ne fait pas de mal (voir *Bordeaux*).

BONAPARTE. L'opposé de Napoléon.

BONHEUR. On ne croit pas au bonheur mais là, en ce moment, on se sent plutôt heureux.

BON MARCHÉ. Mauvais placement ; ça n'est jamais solide. Dire, en citant sa grand'mère, qu'on n'a pas les moyens d'acheter à petit prix.

BON SENS. Finira bien par triompher.

BONS SENTIMENTS. Mauvais. Ennemis de toute littérature.

BORDEAUX. On en donne aux malades. Un bon bordeaux ne peut pas faire de mal (ni même un mauvais).

BORDELAIS. Tous des bourgeois, avec le chic anglais (le contraire des Bourguignons, tous paysans).

BORGNE. Évoquer les « grands borgnes de Hollywood » ; cela pose.

BOSCH. Préciser « Jérôme ».

BOSSUET. L'Aigle de Meaux, oui, comme la moutarde. S'écrier : « Madame se meurt ! Madame est morte ! »

BOTTER. Seulement « en touche ».

BOUC. Sorte de bélier (voir ce mot).

BOUCHE-À-OREILLE. Sauve les artistes comme le bouche-à-bouche les noyés. Preuve que la critique ne sert à rien.

BOUCHER. Avoir son boucher (qui est un bon boucher). On est charcuté par son chirurgien mais soigné par son boucher.

BOUDDHISME. La plus douce des religions ; d'ailleurs, elle n'a pas de dieu. Un bouddhiste ne ferait jamais de mal à une mouche.

BOUDIN BLANC. Allez savoir ce qu'ils mettent dedans.

BOULIMIE. Alimentaire chez la jeune fille, de travail chez l'adulte.

BOULONS. Toujours à resserrer.

BOURBON. Aimer le bourbon à cause des films noirs. Laisse penser qu'on est un dur et qu'on joue au poker.

BOURGE. Péjoratif dans la bouche d'un bourgeois. Fuir les bourges et les choses qui « font bourge ».

BOURGUIGNON. Le contraire du Bordelais. On est bourgogne ou bordeaux (en ce cas, dire que le bourgogne est un peu lourd). Les Bourguignons, qui ont les pieds sur terre, ne mangent que des plats en sauce. Leur teint est « fleuri ». Leur accent est « fleuri ». Finir ses jours à l'hospice, oui, mais à Beaune ! Évoquer le chanoine Kir et Colette. Parler d'« opulence » (d'où la qualité du lait des nourrices).

BOURGUIGNON (Bœuf —). Rien de si bon qu'un bon bourguignon.

BOUSTROPHÉDON. Mot à savoir. Dire qu'il s'agit d'écrire comme on laboure un champ. On ne passe point pour pédant : cela amuse.

BOXE. Se régaler d'un match de boxe. La boxe, elle, il faudrait l'interdire.

BRACONNIERS. Des chasseurs, en plus sympathiques.

BRASSENS (Georges). Tout le monde aime Brassens Georges.

BREBIS GALEUSES. Il y en a dans toutes les professions.

BRECHT (Bertolt). Comme tous les génies, un salaud avec les femmes. L'art de la conversation lui doit la « distanciation » (pour « distance »), la « résistible ascension » (pour « étonnant succès ») et la formule célèbre selon quoi il est encore fécond, le ventre d'où est sortie la bête immonde.

BRÉSILIENNE. Cache parfois un Brésilien.

BRÉSILIENS. Les Brésiliens sont beaux, sensuels, joyeux, musiciens excellents, danseurs prodigieux, footballeurs magnifiques. Dommage qu'ils soient malheureux.

BRESSE. Sorte de parc naturel où les chapons s'ébattent en liberté.

BRETAGNE. On n'y trouve que des microclimats. Dire qu'en plus d'un endroit, par beau temps, c'est la Corse.

BRETONS. Tous braves gens, mais entêtés.

BRETTEUR. Avocat d'extrême droite. Toujours précédé de « redoutable ».

BRIQUET. La fauche du briquet jetable : petite délinquance des dîners en ville qui peut faire un sujet à l'instant du café.

BROCANTES. Les « écumer ». D'un bel objet, dire avec nonchalance qu'on l'a trouvé dans une brocante.

BRONZER. C'est mauvais pour la peau, affreusement ennuyeux et désastreux pour la santé mais comment faire autrement ?

BROOKS (Louise). A laissé une coiffure, comme Jeanne d'Arc.

BRUEGEL (Pieter). Scène à la Bruegel : toute noce campagnarde qui ne se déroule pas en Normandie, où elle fait irrésistiblement songer à Maupassant.

BRUIT (Le —). Éveille aussitôt la fureur.

BRUIT DE CHIOTTES. Qualifier une rumeur de bruit de chiottes autorise à la propager.

BRÛLER. Puisse-t-on ne jamais revoir un monde où l'on brûle les livres.

BRUNES. Sont plus chaudes que les blondes.

BRUXELLES. Monstre froid. Enclave peuplée de technocrates apatrides. Bruxelles est à l'Administration ce que Kafka est à Courteline. *Gens de Bruxelles* : espèces de coloniaux qui ont des avantages.

BUDGET. Jamais en équilibre.

BUFFET. Quand il n'est pas Henri II, c'est qu'il est « bien garni » et « pris d'assaut ».

BULGARE. On ne connaît du Bulgare que yaourts et parapluies.

BUNUEL (Luis). Son goût du sacrilège vient de ce qu'il est espagnol.

BUREAU. Chez soi, on oublie le bureau.

BURTON (Richard). Acteur fameux pour sa prestation dans *Les Amours tumultueuses d'Elizabeth Taylor* (voir ce nom).

BUTOIR. Toujours une date. La date butoir est une chose qui glace le sang.

BUVETTE. Triviale, sauf celle de l'Assemblée (si le public ne peut y pénétrer, c'est qu'ils s'insultent à la Chambre et trinquent à la buvette).

BYZANTINE (Querelle —). A survécu par miracle à la prise de Constantinople.

# C

ÇA. Dire « ça », c'est très psy.

CABILLAUD. La morue fraîche n'est jamais que du cabillaud.

CACHEMIRE. Un beau cachemire fait une vie.

CACHET. Toujours suivi de « tout particulier ».

CACHOTIER. Petit, en général.

CADENCES. Plutôt infernales que pas.

CADRE. Parfois « jeune », jamais « vieux ». Malaise des cadres : affection professionnelle qui épargne les employés.

CAFÉ. Il est faux qu'il empêche de dormir ; en tout cas, plus à cette heure-ci.

CAFÉ DU COMMERCE. Propos de Café du Commerce : conversation agréable et détendue.

CALCINÉ. Élégant pour « carbonisé ».

CALEÇON. Être slip ou caleçon.

CALEMBOUR. Annoncer qu'il est mauvais toutes les fois qu'on le « risque ».

CALENDRIER. Toujours extrêmement serré ou surchargé.
CALIFORNIENS. Jeunes, bronzés et riches. (Tandis qu'en Floride, on est riche, bronzé et vieux.)
CÂLINS. Petits chez les grands et gros chez les petits.
CALOMNIE. Désuet pour « diffamation ».
CALORIES. Gâchent le repas si on les compte et le repos si on les brûle.
CALVITIE. Preuve de virilité.
CALVITIE PRÉCOCE. Preuve tardive de virilité.
CAMAÏEU. Rien de plus raffiné.
CAMBOUIS. Pour mettre les mains dans le cambouis, c'est comme pour aller au charbon, il n'y a personne et on vous refile la patate chaude.
CAMBRAI. On n'y fait que des bêtises.
CAMBRIDGE. L'accent d'Oxford est plus réputé.
CAMEMBERT. Le roquefort est le roi des fromages mais c'est du camembert qu'on veut.
CAMIONS. Tonner contre. Moins sympathiques que les routiers.
CAMPAGNARDS. Très tôt délurés, à cause des bals.
CAMPUS. On aimerait parler d'agitation sur les campus, pour faire américain, mais on manque de campus.
CAMUS (Albert). L'opposer à Sartre Jean-Paul.
CANADIENS. Naguère, tous bûcherons.
CANADIEN (Accent —). Fait rire des tragédies les plus horribles. Un Canadien ne peut raconter un crime sans qu'on se torde.

CANARDS. « Viennent tous de Rouen » (Flaubert). Aujourd'hui : « de Barbarie » (mais où est-ce ?).

CANCER. Mot désormais autorisé à table. Dire, la voix tremblante, que, pris à temps, il guérit de mieux en mieux.

CANDIDAT. *Politique* : n'être candidat à rien.

CANDIDE. Jouer les candides plutôt que les ingénus : c'est voltairien.

CANNES. On ne fait qu'y monter des marches.

CANTINE. Désuet pour « restaurant d'entreprise ». Moderne pour « restaurant élégant où l'on a ses habitudes ».

CAPACITÉ. De bon augure au pluriel mais « de nuisance » au singulier.

CAPITAL. Quand il est génétique, à préserver.

CAPITAL-RISQUE. « Investir dans le capital-risque » : frisson moderne.

CAPITALES. Inspirent les écrivains. L'Europe est le continent des capitales. Ne jamais aller à Lisbonne sans avoir lu Pessoa.

CAR. Au contraire du bus, empli de Japonais.

CARABINS. Se consacrent aux plaisanteries qui portent leur nom. Le reste du temps, ce sont des étudiants.

CARACOLER. C'est « en tête des sondages » (voir *Surfer*).

CARACTÉRIEL. Moderne pour « passionné ».

CARAVAGESQUE. Se dit d'un contraste appuyé. Modernité du Caravage.

CARESSER. Dans le sens du poil, forcément.

CARITATIF. A heureusement remplacé l'humiliante charité.

CAROTTE. Toujours suivie du bâton.

CARPACCIO. Fines lamelles de n'importe quoi.

CARPATES. On ne les évoque pas sans frissonner. Font penser aux vampires comme le Caucase aux Cosaques, les Balkans à la question des Balkans, les Pyrénées aux cols et les Alpes au ski.

CARRIÈRE. On réussit dans le privé mais, dans l'Administration, on fait carrière.

CARROLL (Lewis). Serait aujourd'hui inquiété pour ses photographies de petites filles en chemise.

CARTABLE. S'effrayer de son poids (d'ailleurs, un jour, on l'a pesé). Brise le dos des enfants.

CARTÉSIANISME. Dans les gènes du Français.

CARTON. Il est plus élégant d'être invité que d'« avoir un carton ».

CAS SOCIAUX. Ont remplacé les miséreux.

CASANOVA. Moins populaire que Don Juan, qui pourtant est une canaille.

CASQUETTE. Ne s'emploie qu'au pluriel. Avoir plusieurs casquettes.

CASSANDRE. Si l'on n'est pas très sûr de son sexe, dire : « sans vouloir jouer *les* Cassandre ».

CASSE-TÊTE. Obligatoirement chinois.

CASSOULET. La querelle du vrai cassoulet : tout le monde s'en fiche, pourtant on ne s'en lasse pas.

CASTRATS. Toujours beaux, avec des figures d'ange. Les jaloux avaient tort de ne s'en point méfier.

CATALOGUE. Généralement « inépuisable ».

CATASTROPHE. Aurait pu être évitée (voir *Fatalité*).

CATASTROPHISME. Il ne faut pas donner dans le catastrophisme (voir *Triomphalisme*).

CATHARE. « Né en terre cathare » : valorisant pour « issu de la patrie du cassoulet ».

CATHÉDRALES. « Livres de pierre », etc. N'ont pas été construites par des constructeurs mais bâties par des bâtisseurs et, depuis, sont en travaux.

CAUCASIENS. Vivent cent ans, à cause de l'air des montagnes.

CAUSERIE. Ne se fait qu'en province. L'assistance y est « choisie ».

CAVIAR. Servir du caviar pressé, qui est moins cher. Assurer que c'est le préféré des amateurs. Ne jamais dire : « Un bon caviar c'est bon. »

CÉDÉROM. Finalement, c'est une chance pour l'écrit.

CÉLÉBRITÉ. Les célébrités : s'inquiéter du moindre détail de leur vie privée, afin de pouvoir les dénigrer.

CÉLIBAT. Exalter le célibat mais vouloir à toute force que les prêtres se marient.

CÉLINE (Louis-Ferdinand). Distinguer l'homme et l'œuvre, et le roman du pamphlet.

CÉLINIEN (Personnage —). Moderne pour « antisémite obsessionnel et pittoresque ».

CÉLINIENNE (Écriture —). Langage parlé très écrit. A un « souffle ».

CELLULE. Moderne pour « réunion ». Cellule de réflexion : tous les lundis. De crise : tous les jours. D'urgence : la nuit, avec des thermos de café fort.

CENSURE. Rien de pis que l'autocensure ou la censure masquée. Redouter cependant le retour de la vraie censure.

CENT-JOURS. Superstition de l'Histoire. Ce qui compte, pour un nouveau gouvernement, c'est les cent premiers jours.

CENTENAIRE. A forcément un secret (qu'il ne cesse de livrer) : c'est un verre de porto tous les jours et, après le café, une cigarette.

CENTRE-VILLE. Qu'il faut réhabiliter absolument.

CÉRÉMONIE. « Émouvante » quand elle est « simple ».

CERISE. Toujours sur le gâteau.

CERTAIN (Un —). C'est typique d'un certain patronat ; aux yeux de certains ; un certain genre ; certains milieux : on ne dit rien mais vous êtes pris au sérieux.

CERTITUDES. Une chose est sûre, c'est la fin des certitudes.

CERVEAU. Du cerveau, on ne connaît que le dixième. Celui de Marilyn Monroe, plus lourd que celui de Walt Whitman ; celui de Kant, plus léger que celui de Bismarck.

CERVEAU REPTILIEN. Ainsi faut-il appeler son paléocortex, si l'on veut semer un peu d'effroi.

CÉVENOL. Type rare de cultivateur protestant. Être « de vieille souche cévenole ».

CHABROL (Claude). Cuisinier célèbre. Ses bourgeois de province à la Chabrol sont souvent servis dans les dîners.

CHAIR HUMAINE. Pour qui en a goûté, aurait un goût de viande blanche assez fin. Contester le tabou de l'anthropophagie : ce n'est jamais que du cadavre. L'amour : envie de manger l'autre.

CHALEUR. Toujours insupportable. Ne pas boire quand il fait chaud.

CHAMAN. Inspire le respect.

CHAMEAU. A deux bosses et le dromadaire une seule. Ou bien le chameau a une bosse et le dromadaire deux (on s'y embrouille).

CHAMP. Raffiné pour « domaine ». (Champ historique, philosophique, etc.)

CHAMPAGNE. Tout le monde peut en boire n'importe quand mais surtout à l'apéritif (naguère : au dessert). On en connaît des pas chers qui sont très bons. Les champions de Formule 1 et les navigateurs s'en servent pour arroser les gens.

CHAMPENOIS. Toujours solides.

CHAMPIGNONS. Connaître des coins. Dénoncer la mafia du cèpe. Il vaut toujours mieux les montrer aux pharmaciens.

CHAMPIONS D'ÉCHECS. Tous mégalomanes ou demi-fous.

CHAMPS-ÉLYSÉES. Dire qu'on les remonte, même si on les descend. La plus belle avenue du monde. Magasins des Champs-Élysées : les plus laids de la planète. Rassemblement sur les Champs-Élysées : s'étonner de se retrouver si nombreux.

CHANGEMENT CLIMATIQUE. Apocalypse moderne. Toute hypothèse d'un changement climatique suscite la plus grande frayeur.

CHANGEMENT D'HEURE. Tonner contre.

CHANTILLY. Partie émergée de l'ice-cream. On n'y résiste pas (voir *Damnation*).

CHARCUTIERS. Ce qu'ils préparent eux-mêmes, c'est surtout du poisson.

CHARGÉ DE MISSION. On ne saura jamais laquelle, en être chargé suffit.

CHARGES. Toujours excessives.

CHARISME. Moderne pour « charme ».

CHARLATANS. Guérisseurs, voyantes et astrologues n'ont pas de mots assez durs pour les charlatans qui déconsidèrent leur profession.

CHARLEMAGNE. A fondé l'école républicaine. Qu'on ne me dise pas qu'il est allemand.

CHARLES LE TÉMÉRAIRE. Bien puni pour sa témérité.

CHARME. Quand il n'est pas discret, il est fou.

CHASSE. Un acquis de la Révolution. On serait bien contre la chasse mais on aime le gibier. Dire : « Moi je chasse dans le plat », et se resservir.

CHASSE AUX SORCIÈRES. Ouverte, dans l'audiovisuel, toute l'année.

CHASSEUR. Le chasseur ne tue pas, il « régule la vie de la nature ».

CHAT. L'ami des écrivains. On ne peut pas dresser un chat : c'est lui qui nous domestique et caresse nos mollets. Animal magique, l'égyptien surtout.

CHÂTEAU-FORT. A toujours subi un siège sous Philippe-Auguste.

CHÂTEAUX DE LA LOIRE. Tous les motifs des plafonds sont différents et il y a des entrées secrètes pour les intrigues.

CHAUSSONS. Célébrer la charentaise.

CHEF. Un bon chef ne fait rien car il sait déléguer.

CHEF DE L'ÉTAT. Soucieux de sa place dans l'Histoire et du rang de la France dans le monde (pour le reste, sait déléguer). A un « jardin secret ».

CHEF-D'ŒUVRE. Précédé d'« authentique » ou suivi d'« absolu ». D'un grand artiste, qu'on dise que son chef-d'œuvre n'est pas celui qu'on croit (Les *Trois contes* de Flaubert supérieurs à *Madame*

*Bovary*, etc.) et qu'on en a plus qu'assez par ailleurs de *Citizen Kane*, de la *Neuvième*, de la *Joconde*, etc. Plus chic encore : les « revisiter ».

CHEMINÉE. Rien de plus agréable et nécessaire qu'une cheminée quand on a des radiateurs.

CHERCHEUR. Moderne pour « savant ». Élégant pour « scientifique ». Grande misère de la recherche. Un chercheur un peu sérieux doit manquer de moyens. L'auteur est publié mais le chercheur publie.

CHERCHEUR AU CNRS. Sorte d'extra disponible dans toutes les matières en fonction de l'actualité ou du sujet d'une émission.

CHEVAL. Pas de viande plus saine mais n'en jamais servir. D'un cheval qui obéit au doigt et à l'œil, dire que c'est un merveilleux complice.

CHEVILLE. Au singulier : ouvrière. Au pluriel : enflées.

CHEZ NOUS. On a peine à croire que des choses pareilles puissent arriver *chez nous*. Devant le Taj-Mahal, dire qu'il y a aussi, *chez nous*, de belles choses.

CHIEN. Spécialement créé pour sauver la vie de son maître. Pour les uns : meilleur que les hommes. Pour les autres : ce qu'en fait son propriétaire. Possesseur d'un chien méchant, dire qu'il est joueur. Des histoires de chiens qui ont retrouvé leur maître sans connaître son adresse.

CHIFFRES. 1. ne pas se lancer dans une bataille de chiffres ; 2. être brouillé avec les chiffres veut dire qu'on est bon en français.

CHIMIE. Tonner contre. Rien de chimique n'est naturel.

CHINOIS. Doués pour le commerce.

CHOC. Quand ce n'est pas « des cultures », c'est « des mentalités ».

CHOCOLAT. Le vrai : noir et amer. Si on s'écoutait, on s'en enverrait des kilos.

CHŒUR. Antique, le plus souvent.

CHOIX DE VIE. Moderne pour « ascèse ». Trouver un appartement plus grand, c'est un progrès ; aller s'installer dans une ruine, c'est un choix de vie.

CHOLESTÉROL. Il faut distinguer le bon du mauvais. Échanger ses taux au dessert.

CHOSES. Les mettre au pire, sinon à plat.

CHOUANS. Toujours pris pour des habitants de la Vendée.

CHRÉTIENS. Qu'on dise, à la suite de je ne sais plus qui, que ce sont des Juifs impatients.

CHURCHILL (Winston). « De la sueur, du sang et des larmes. » — « La démocratie est le plus mauvais des régimes à l'exception de tous les autres. » — « Un rideau de fer est tombé sur l'Europe. »

CIA (Agents de la —). Tous gaffeurs. La CIA n'a apporté que des catastrophes.

CIGARETTE. Arrêter.

CINÉASTE AMÉRICAIN INDÉPENDANT. A vu les films de Godard.

CINÉMA. Un art du passé.

CINÉMA D'AUTEUR. N'existe qu'en France.

CIORAN. Suscite un enthousiasme extraordinaire chez les dépressifs. On peut le citer sans l'avoir lu, il n'a écrit que des citations.

CITATION. Citer des articles qu'on a lus par hasard dans des journaux qu'on ne lit jamais.

CITOYEN. Avoir une démarche citoyenne.

CITOYEN LAMBDA. Homme de la rue. « Qu'en pense le citoyen Lambda ? » (C'est-à-dire l'épicier de Romorantin, la pharmacienne de Carpentras, le cafetier d'Issoudun ou la crémière de Plougastel.)

CIVILISATION. Toujours « vieille ».

CLARIFICATION. Une clarification est absolument nécessaire.

CLASSE. N'est plus ouvrière mais politique.

CLASSIQUES. On connaît ses classiques. D'ailleurs, on ne les lit pas, on les relit (voir ce mot).

CLAUDEL (Paul). Antipathique, mais quel souffle !

CLAUSEWITZ. Citer Clausewitz, ainsi que Baltasar Graciàn, le cardinal de Retz et deux stratèges chinois vous fait passer pour un « situ ». (Dandy de droite : citer Lénine, Mao et Gramsci.)

CLÉ DE CONTACT. Penser à l'ôter, on pourrait vous la voler.

CLERCS. Vieilli. Leur « trahison » seule intéresse. (Un clerc loyal, ça nous changerait.)

CLIGNOTANTS. Avant que les indicateurs ne passent au vert, les clignotants sont au rouge.

CLIMATISATION. Toujours excessive ou déréglée. Tonner contre. Provoque la maladie du légionnaire, que les képis blancs attrapaient dans les bordels en rentrant du désert.

CLINIQUES. Tous des voleurs (voir *Dentistes*).

CLIVAGE. Un clivage est toujours vieux, artificiel ou dépassé.

CLONE. Moderne pour « quelqu'un qui rappelle quelqu'un ».

CLOVIS. Le baptême de Clovis mit fin à la barbarie dans notre pays.

CLUB MED. « Aller au Club », comme on irait aux Indes ou en Afrique.

CLUBS. Ne vaudront jamais ceux des Anglais.

COALITION. Généralement « hétéroclite ».

COBAYES. Ont toujours la primeur des traitements efficaces, et il y a des gens qui les plaignent.

COCA COLA. Tonner contre.

COCHON. Il faut l'avoir vu tuer une fois dans son enfance.

COCU. Le dernier au courant.

CŒUR. Parler d'un cœur gros comme ça n'oblige pas à montrer sa taille comme on ferait d'un poisson qu'on a pêché.

COIFFEUR. Plus inspiré que la coiffeuse.

COIFFEUSE. Plus futée que la shampouineuse. Entre deux coiffeuses, ne pas choisir la mieux coiffée : elles se coiffent entre elles.

COIN. Café, Arabe ou gens du coin, le coin a toutes les vertus de la bonhomie.

COL DU FÉMUR. Dire que c'est le talon d'Achille des femmes âgées.

COLÈRE. Salutaire quand elle est « sainte ». D'une personne affable, dire qu'elle a des colères terribles.

COLÉRIQUE. C'est parce qu'il vous aime bien qu'il vous engueule.

COLLABORATEUR. Moderne pour « subordonné ».

COLLECTIF. Assurer que l'époque n'est plus aux chefs mais au collectif, surtout si l'on rêve en secret d'un pouvoir sans partage.

COLONIES. Indéfendables. Avaient pourtant du charme, avec tous ces Blancs en costume blanc.

COLUCHE (Michel). Saint laïque.

COMBATS. D'arrière-garde, le plus souvent.

COMÉDIE. Railler, pourvu qu'on ait été ministre, la « comédie du pouvoir ». (Mais l'Histoire, elle, est tragique.)

COMÉDIES MUSICALES. Le Français ne sait pas les faire.

COMIQUES. Vont-ils trop loin ? Peut-on rire de tout ?

COMITÉ. Toujours précédé de « petit » ou suivi de « restreint ».

COMME ÇA. Façon de comparer le presque rien au je ne sais quoi : « Alors, comme ça, quelque chose de très aérien, de très doux, comme ça. » — « Une espèce de grand fauve, comme ça, un peu lunaire. »

COMMÉMORATION. La France, pays des commémorations. C'est à dégoûter des grands hommes.

COMMENT. Comment écrivez-vous ? Question qu'on pose aux écrivains. (Personne ne se soucie de la façon dont on peint, sculpte ou met en scène.)

COMMENTAIRE. Genre de journalisme. Séparer les faits du commentaire : précepte religieux.

COMMERÇANT. De quartier ou du quartier. Sinon, c'est la « distribution ».

COMMUNES. Il y en a trop mais on y tient.

COMMUNICATION. Nous sommes dans une société de communication (la société de consommation, parfaitement démodée : on ne s'achète plus que le nécessaire).

COMMUNICATION ENTRE LES ÊTRES. Toujours plus menacée par l'incommunicabilité entre les gens. (Mais les progrès de la communication ? Justement !)

COMMUNISME. Avoir adhéré au Parti en 45 et l'avoir quitté en 56. (Vieilli.)

COMPÉTITION. Toujours plus impitoyable.

COMPLEXE. Être ou non « complexé ». Inutile de préciser en quoi.

COMPOSTELLE (Saint-Jacques de —). Toute bourgade française qui n'a pas abrité des Templiers a hébergé des pèlerins sur la route de Compostelle.

COMPTE-À-REBOURS. A déjà commencé.

COMPTEURS. Qu'on ne remette pas les compteurs à l'heure, les choses à zéro ni à leur place les pendules.

CONCEPTS. Toujours « nouveaux ». Remplacent les conceptions qui, elles, sont « dépassées ».

CONCERNÉS. Nous le sommes tous.

CONCERTATION. *Politique* : toujours large ou la plus large.

CONCRÈTEMENT. Moderne pour « réellement ». On veut des faits concrets et non abstraits.

CONDUITE D'ÉCHEC. Moderne pour « dissipation ».

CONFECTION. Vieilli pour « prêt-à-porter ».

CONFITURES. Ce qu'on était occupé à voler dans son enfance, chaque fois qu'on fut surpris. Toujours en haut du placard.

CONFLIT. Ça se « gère », comme le reste.

CONFLIT ETHNIQUE. La guerre chez les pauvres. Signe de sauvagerie. Un massacre civilisé où l'on tue les gens au hasard est toujours à préférer.

CONFORMISME. Ambiant, comme la température. Dire : « Vu le conformisme ambiant. »

CONFRÈRE. Position enviable. « Excellent » plus souvent que médiocre.

CONFUCIUS. À cause de qui les petits Chinois travaillent si bien à l'école et les grands Chinois sont si polis. L'appeler « Maître K'ong » si l'on est snob ou sinologue.

CONNOTÉ. Il vaut mieux connoter que dénoter, c'est plus fin.

CONSANGUINITÉ. Stigmatiser la consanguinité des élites (voir *Inceste*).

CONSENSUS. Plus souvent large qu'étroit.

CONSERVATISMES. Si l'on est un conservateur, dénoncer les conservatismes mais « de tout poil ».

CONSOMMATEUR. Devenu intelligent.

CONSTAT. Toujours de carence ou d'échec.

CONTENTIEUX. « Lourd », en général.

CONTINENT. Parler d'un « continent féminin » (dont l'homme ne sait rien et sur quoi la femme elle-même parfois s'interroge).

CONTRARIÉ. Ne jamais contrarier les fous ni les gauchers.

CONTRASTE. Quoi de plus sombre qu'un « bilan contrasté » ?

CONTRIBUABLE. C'est-à-dire nous et notre dos : « Et tout cela sur le dos du contribuable ! »

CONVERSATION. Ancienne richesse de la France : ce temps où l'on pratiquait la conversation comme un art. Soupirer après les « salons » (que l'on méprise aujourd'hui).

CONVERSION. Hier : à une foi. Aujourd'hui : au réalisme.

COQ. Chante n'importe quand, depuis qu'il n'y a plus de paysans. Tonner contre.

CORDON (Couper le —). À l'étranger, manière habituelle d'inaugurer les bébés. En France, mouvement de libération : « Couper le cordon avec le pouvoir. »

CORÉENS. Travailleurs autant que les Japonais, sans le côté artiste.

CORNEILLE. L'opposer à Racine comme la vertu au vice.

CORNÉLIEN (Choix —). La tragédie à la portée de tous.

COROT (Jean-Baptiste). Peignait surtout des faux.

CORPORATISME. L'égoïsme des autres. Dénoncer incessamment la montée des corporatismes.

CORRIDA. Pour les uns, c'est un art, pour les autres, une boucherie. Éviter ce sujet.

CORSES. Clan des Hauts-de-Seine.

CÔTE (La —). Bas morceau de la Provence, heureusement doté d'un « arrière-pays ».

COUACS. Attendus comme le retour des hirondelles. Guetter les « premiers couacs » : 1. dans l'organisation de la rentrée scolaire, 2. dans le déroulement des épreuves du baccalauréat, 3. dans la cohabitation.

COUBERTIN (Pierre de). On est loin de l'idéal de Coubertin Pierre de.

COUP DE FILET. Toujours vaste.

COUP DE THÉÂTRE. Préciser « inattendu » pour qu'on soit bien compris.

COUPE. Au sens figuré : toujours pleine. Au sens propre : la remplir à moitié. Les coupes sont servies dans des flûtes, c'est l'usage.

COUPÉE EN DEUX. Ainsi se réveille la France tous les quatre matins (d'où le prix des « grandes fêtes consensuelles »).

COUPERIN (Musique de —). Vous informe que vous êtes en train de dîner dans un Relais-et-Châteaux.

COUPLE. A toujours des problèmes, semble-t-il, puisqu'il ne faut point parler dans les dîners de ses « problèmes de couple ».

COUPOLE. On est élu à l'Académie française mais reçu « sous la Coupole ».

COURAGE. N'écouter que le sien.

COUVERTURE. « Rêver d'être publié sous la couverture blanche à liserés rouges » : « proposer un manuscrit à Gallimard », en style nouille.

CRÉATEUR. Professionnel du prêt-à-porter.

CRÉATURE. De rêve.

CRÉTIN. Soupirer après son « crétin de fils » (qui a pourtant réussi Polytechnique).

CRIME. Toujours odieux.

CRIMINALITÉ. 1. en hausse ; 2. a changé de nature.

CRISE. Tâcher d'en sortir par le haut.

CRITIQUE. Qu'il soit « redouté ». Pourtant, n'a aucune influence : seul importe le bouche-à-oreille (voir ce mot). Rêver cependant d'avoir de bonnes critiques.

CROISADES. Non dépourvues d'arrière-pensées.

CROISIÈRE. On n'y croise que des retraités.

CUBA. S'y être jeté dans les bras de Castro. Y retourner sur les pas de Hemingway.

CUILLER (Petite —). « Attention, je vais les compter ! » (Plaisant chez une hôtesse.) Examiner le poinçon sur l'argenterie console de ne pouvoir étudier la marque sous la vaisselle.

CUIRASSE. Au contraire de l'armure, a son défaut qu'il faut trouver.

CUISINE. Toujours au pluriel s'il s'agit d'un restaurant : « Le chef est dans ses cuisines. » Cuisine des hommes : sophistiquée, surprenante, orgueilleuse, mais ce qu'ils font comme saletés ! Cuisine des femmes : généreuse, sensuelle, rassurante.

CUISINE D'AUTREFOIS. Trop lourde et compliquée. Convenait à des rentiers.

CUISINIER. On juge le cuisinier à ses tomates en salade et à ses œufs au plat.

CULPABILISÉ. « Se sentir culpabilisé » : moderne pour « se sentir coupable ».

CULPABILITÉ. Toujours vieille, quand elle est judéo-chrétienne : « Traîner une vieille culpabilité judéo-chrétienne » (voir *Fond*).

CULTURE. Se « ressentir entre deux cultures » est du meilleur effet chez l'enfant d'immigré.

CURÉ. Resté populaire pour son jardin.

CURIE (Pierre et Marie). Bricolaient des atomes avec des bouts de ficelle.

CURRICULUM. « Quand tu connais son curriculum » : moderne pour « quand tu connais son passé ».

CV. Une belle vie, moins utile qu'un bon CV.

CYCLE. Toujours « économique » ou « romanesque ».

CYPRÈS. Ne pousse que dans les cimetières.

CYRANO (— de Bergerac). C'est tout nous.

# D

DAME. Trois sortes de dames : 1. vieille dame du quai Conti ; 2. ces dames du Femina ; 3. dames pipi.

DAMNATION. On ne se damne plus que pour un dessert.

DAMNÉE (Âme —). A quelque chose de satanique, même si c'est un petit gros à lunettes.

DANAÏDES (Tonneau des —). Avoir bien à l'esprit qu'il s'agit de le remplir et non de le vider.

DANGER (Se mettre en —). Moderne pour « innover ». Fait bien chez un artiste.

DANTESQUE. Moderne pour « spectaculaire ».

DANTON. L'opposer à Robespierre (c'est d'ailleurs ce qu'il a fait).

DAUPHINS. Ne jamais proposer du dauphin en ragoût à ses invités car il est trop intelligent, trop joueur et trop gentil. Les dauphins, impitoyables entre eux ? Vous ne leur ferez pas avaler ça non plus.

DEAUVILLE. Débouché du Sentier. Ashkénaze, regarder Deauville d'assez haut.

DÉBAT. « Vieux », en général. Ou alors, il est nécessaire de l'« élever ». Invité à un débat télévisé, qu'on dise à la douzième minute qu'on se demande ce qu'on fait là.

DÉBAT D'IDÉES. Le contraire d'une querelle de personnes. L'appeler de ses vœux (« large », si possible).

DÉBORDÉ. Qu'on le soit, mais « complètement ».

DÉBUT. On est au *début* d'une prise de conscience, jamais au milieu ni à la fin.

DÉCADE. Usuel pour « décennie ».

DÉCALÉ. Qu'on le soit, mais « légèrement ».

DÉCENTRALISATION. 1. une nécessité ; 2. un échec.

DÉCODER. « Pourrais-tu décoder ? » : à quiconque tient des propos originaux.

DÉCONSTRUCTION. Est à la fin de ce siècle ce que la reconstruction fut aux années d'après-guerre : une ardente obligation. Évoquer Derrida (voir ce nom).

DÉCONSTRUIRE. Moderne pour « détruire ».

DÉCORATION DE LA LÉGION D'HONNEUR. La blaguer mais la convoiter. Quand on l'obtient, toujours dire qu'on ne l'a pas demandée.

DÉCOUVERTE. Celle d'un mort : « macabre découverte ».

DÉCRYPTER LA MODERNITÉ. Raffiné pour « se tenir au courant de ce qui se passe ».

DÉDOUBLEMENT (Souffrir de —). Désuet pour « être complètement schizo ».

DÉFAITE. « Honorable » quand elle n'est pas « cuisante ». Auquel cas, elle « agit comme un électrochoc ». Lequel est « salutaire ». Car il provoque un « sursaut » (prélude au « redressement »).

DÉFAUTS. Avoir les défauts de ses qualités.

DÉFENDRE (Se —). Un mot français pour « attaquer ». L'étranger a une politique commerciale agressive ; la France se défend à l'exportation.

DÉFENSEURS D'UNE PENSÉE CHRÉTIENNE ET HUMANISTE. Gens de droite.

DÉFICIT. Moderne pour « manque » (déficit de communication, etc.).

DÉFILÉ DE MODE. Façon d'aller nue.

DÉFIS. Il faut les relever, d'autant qu'ils sont « nouveaux ».

DÉFRAYER. On ne défraye que la chronique (plus rarement les chroniqueurs).

DEGRÉ. Plutôt premier degré ou très deuxième degré, qu'importe : être degré.

DÉJÀ CULTE. Film, livre, série télévisée destinés à la jeunesse et sortis l'autre semaine.

DÉJEUNER (Petit —). On a tort de le sacrifier comme on fait. (Mais continuer.)

DÉLICAT (Sujet —). Généralement indélicat.

DÉLICATESSE (En — avec la justice). Toujours indélicat.

DELON (Alain). Fait songer à Belmondo Jean-Paul, et inversement.

DEMAIN. 1. il fera jour ; 2. a déjà commencé.

DÉMARCHE. Intellectuelle ou pédagogique. Sinon : administrative.

DÉMISSION. Toujours celle des élites ou des parents.

DÉMOCRATE. Opposer le vrai démocrate au vieux républicain.

DÉMOCRATIE. 1. nous sommes en démocratie ; 2. la démocratie est un luxe ; 3. c'est le pire des régimes, à l'exception de tous les autres.

DENTISTES. Tous voleurs (voir *Éditeurs*).

DENTS. Tout bébé qui pleure fait ses dents.

DÉNUEMENT. Toujours « le plus grand ».

DÉONTOLOGIE. Moderne pour « principes ». Nécessité d'une déontologie. Mais elle reste à définir. N'existe encore dans aucun domaine puisqu'on l'appelle de ses vœux.

DÉPISTAGE. Toujours systématique.

DÉPRESSION. On n'est jamais simplement en dépression mais en « pleine dépression ». *Météo* : vient toujours de l'Atlantique.

DÉPRIME. Rien à voir avec une dépression, bien sûr, mais ce peut être la partie émergée de l'iceberg.

DÉPRIMÉ. Qu'on le soit, mais « un peu ».

DÉPUTÉ. L'être, comble de la gloire. Tonner contre la Chambre des députés. Trop de bavards à la Chambre. Ne font rien.

DE QUOI. Mais de quoi parle-t-on, là, hein ? Et à quoi jouons-nous ?

DÉRAPAGE. Toujours « verbal ».

DERNIER ROMAN. Sans doute le meilleur de son auteur ; en tout cas le plus abouti.

DERRIDA (Jacques). Savoir son nom.

DÉSAFFECTION. Toujours « populaire » ou « du public ».

DESCARTES (René). 1. l'opposer à Pascal Blaise. Nous a légué son solide bon sens ; 2. « Et pourtant nous sommes au pays de Descartes ! » (À la moindre chose qui étonne.)

DESCENTE AU FRIGO. Récit d'épouvante apprécié dans les dîners. Raconter que, lors de ses descentes au frigo, on tartine de confiture son camembert et qu'on le trempe dans le chocolat (en option : dans la sauce mayonnaise).

DÉSERT. 1. éveille la spiritualité de l'homme moderne ; 2. avance tous les ans.

DÉSERT (Hommes du —). Plus nobles qu'Arabes.

DÉSERT FRANÇAIS. Avance aussi tous les ans. Dans certaines régions, plus de décès que de naissances et, pour aller au cinéma, il faut affréter des autocars.

DÉSESPÉRÉ. Qu'on le soit, mais « totalement ».

DÉSORDRE. N'est « épouvantable » que s'il n'est pas « savant » ou « calculé ».

DESSEIN. Ce pays manque d'un grand dessein. Lequel ? Peu importe.

DESSERTS. Ceux du pâtissier sont trop sucrés. Tonner contre.

DESTIN. Évoquer un « beau destin de femme ».

DESTINÉE. « Rien ne semblait destiner le petit X, quand il poussait des chariots dans la mine, à devenir l'un des grands créateurs de ce siècle. » Ça, c'est sûr.

DESTRUCTURÉS (Vêtements —). Transition, aux années 70, entre la reconstruction de l'après-guerre et la déstructuration du temps présent.

DÉTAILS. Ceux dont on se souvient : « significatifs ».

DÉTENTE. Toujours confondue avec la gâchette.

DEUX-CHEVAUX. Qu'on ait fait de grands voyages dans une 2 CV pourrie.

DEUX POIDS. Deux mesures.

DEVIS. Il est dans sa nature d'être dépassé.

DEVOIR DE MÉMOIRE. Punition des enfants par la faute des parents.

DÉVOUEMENT. Toujours exemplaire.

DIABLE. Pour Dieu, on n'est pas certain, mais le Malin, prouvez-moi plutôt qu'il n'existe pas.

DIABOLISER. Éviter de diaboliser l'adversaire (en revanche, exorciser les vieux démons).

DIAMANT. Éternel depuis longtemps.

DIALOGUE. Le politique y est toujours disposé. Spécialement classe quand il est socratique.

DIASPORA. Peut être juive, chinoise ou corrézienne.

DICHOTOMIE. Moderne pour « opposition ».

DICTATURE. Dénoncer inlassablement la « dictature » qu'est, en fait, le « règne » de l'Audimat.

DICTÉE. Culte républicain et rituel masochiste. Jusqu'aux nuls en orthographe qui vénèrent la dictée.

DICTIONNAIRE. On adore les dictionnaires. Robert et Larousse, nos vrais amis.

DIDEROT. Toujours suivi de d'Alembert.

DIÊN BIÊN PHU. Nous sommes menacés d'un Diên Biên Phu diplomatique (voir *Munich*).

DIÉTÉTIQUE. Dit tout et son contraire.

DIEUX DU STADE. Moderne pour « vainqueurs de Coupe ».

DIFFÉRENCE. Cultiver sa différence.

DIMENSION EUROPÉENNE. On doit y accéder d'urgence.

DÎNER. Autrefois, on dînait à midi, maintenant on dîne à des heures impossibles. Le dîner de nos pères était notre déjeuner, et notre déjeuner était leur dîner. Dîner si tard que ça ne s'appelle pas dîner, mais souper.

DÎNERS EN VILLE. Snob pour « repas pris à l'extérieur ». On y perd tout contrôle de soi-même. (« Duchmolle se répand dans les dîners en ville... »)

DIOGÈNE. « Je cherche un homme. » — « Retire-toi de mon soleil. »

DIPLOMATES. Un bon diplomate à l'ancienne : cynique, tortueux, lâche, hypocrite mais exquis.

DIPLÔMES. 1. inutiles ; 2. en posséder.

DIRE (Ce qui va sans —). Va mieux en le disant.

DIRECT. Les aléas du direct et les contraintes du direct trouvent une récompense dans l'émotion du direct.

DIRECTOIRE. Un mobilier, rien de plus.

DIRIGEANTS (Nos —). Coupés des préoccupations quotidiennes des Français.

DIRIGISME. Autant mal vu que l'autorité est célébrée.

DISCIPLINE. 1. toujours précédée de l'ordre (« dans l'ordre et la discipline ») ou suivie de républicaine (« la discipline républicaine ») ; 2. désigne une technique corporelle quand elle vient d'Asie (discipline chinoise : forcément millénaire).

DISTANCE. Qu'on en garde, mais « un peu ».

DISTANCES (Prendre ses —). Moderne pour « s'acheter une conduite ».

DIVA (Faire sa —). Moderne pour « faire un caprice ».

DIVAN. Freudien pour « canapé ».

DIVAS. Celles qui se comportent comme des divas et celles qui ne se prennent pas pour des divas. Souvent des hommes, rarement des chanteuses.

DIVERSIFIÉ. Moderne pour « divers ».

DIVISIONS. Douées de parole, en politique, puisqu'il faut les « faire taire » — pour accéder au pouvoir. Diviser, en revanche, pour régner.

DIVORCE. Engendre plus d'enfants que le mariage, dits « enfants du divorce ».

DIX-HUITIÈME SIÈCLE. Polisson.

DIX-NEUVIÈME SIÈCLE. Quelqu'un qui cause, qui lit, qui écrit à la main, qu'on dise que c'est un homme du dix-neuvième siècle.

DOCTRINAIRES. Les mépriser. Pourquoi ? On n'en sait rien.

DOISNEAU (À la —). Moderne pour « à la Cartier-Bresson ».

DOLLAR. Parler du « billet vert » fait connaisseur de la Bourse.

DOLTO (Françoise). Sorte de nourrice qui s'est beaucoup occupée des petits-enfants du Dr Spock. Continue à dicter de l'au-delà des « écrits de Dolto ».

DOMBES (Les —). Endroit mystérieux où il y a des grenouilles et des brumes qui se lèvent.

DOMTOM. Tout natif insulaire l'est des « Domtoms », à l'exception du Corse et du Sénan.

DONNE. Elle est toujours nouvelle.

DONNÉES. On les veut chiffrées.

DORMIR. Réapprendre à dormir et, pas besoin de dormir longtemps, ce qu'il faut, c'est dormir bien.

DOS (Mal au —). Mal du siècle.

DOSTOÏEVSKIEN. Élégant pour « tordu ».

DOUBLE. À propos des gens qu'on croit simples, préciser qu'ils sont doubles. « Avoir une double culture » : élégant pour un fils d'étranger.

DOUCHE. Elle vous réveille autant que le bain vous endort. Histoires de gens qui, à tant prendre de douches, ont perdu la peau.

DOULEUR. Les médecins s'en moquent et même ils trouvent ça génial quand ils sont catholiques. Mais on est au *début* d'une prise de conscience.

DRAME. Source de perplexité à la télévision. (« Après ce drame, tout le monde s'interroge. »)

DREYFUS. Apprenant une injustice, dire que ce n'est quand même pas l'affaire Dreyfus.

DROGUE. Le travail est une drogue, le pouvoir est une drogue, le shopping est une drogue, la drogue est un enfer.

DROGUES. Douces, dures, où passe la frontière ?

DROIT. Au singulier : sommes-nous dans un État de droit ou dans une république bananière ? Au pluriel : les droits ne vont pas sans les devoirs.

DROITE. Nous avons la droite la plus bête du monde (dire cela si on est de droite).

DROITS DE L'HOMME. C'est l'homme qui les défend, il est juge et partie.

DUALE. Plus seyant pour une société que d'être coupée en deux.

DUBOUT (Femmes de —). Supplantées par les *créatures* de Fellini (voir ce nom).

DUELLE. *Idem.*

DUPE. Parvenu à la gloire et aux honneurs, dire qu'on n'est dupe de rien.

DUR. D'un tyran qu'on connaît, préciser qu'il est dur avec les autres mais avec lui-même tout autant (ça rachète).

DURÉE. Moderne pour « temps ». On ne peut juger les choses que dans la durée.

DYNAMIQUE. Élan salutaire. Dire : « Tout cela participe d'une dynamique », sans préciser laquelle.

DYSFONCTIONNEMENTS. Moderne pour « cafouillages ».

DYSLEXIQUE. Être « complètement dyslexique » vaut mieux que bafouiller un peu.

# E

EAU. Du robinet : elle a un goût. De l'océan : bonne une fois qu'on est dedans.

ÉCHANTILLON. Deux sortes d'échantillons : l'échantillon représentatif et l'échantillon non représentatif.

ÉCHÉANCE. « À plus ou moins brève échéance » : on ne sait pas quand, mais fait plus sérieux qu'« un de ces jours ».

ÉCHÉANCES. Saurons-nous faire face aux échéances décisives qui approchent ?

ÉCHECS. Rien de plus salutaires. Permettent d'en tirer la leçon. Connaissant le succès, et dans ce cas seulement, qu'on soit heureux et fier d'avoir connu l'échec.

ÉCHIQUIER. « Sur l'échiquier international » : vous pose en stratège.

ÉCLECTIQUE. Moderne pour « varié ».

ÉCLIPSE. Généralement « brève ».

ÉCOLE. Fabrique des chômeurs. On ne sait rien en sortant de l'école.

ÉCOLIER. Calculer « le prix d'un écolier ».

ÉCOLOGIE. Plus sérieuse que les écologistes. « L'écologie, ce n'est pas seulement les petits oiseaux », etc.

ÉCONOMIE. Parler de l'« économie d'un projet » : très élégant.

ÉCONOMIE POLITIQUE. Science sans entrailles.

ÉCONOMISTES. Pleins d'assurance, et se trompent tout le temps.

ÉCOSSAIS. Très proches des Français, d'ailleurs ils ont l'accent bourguignon. Leur avarice. Portent-ils un slip quand ils sont en kilt ?

ÉCOUTE. Vanter la qualité d'écoute des gens qui sont à l'écoute des gens.

ÉCOUTES. Au pluriel, « téléphoniques ». Continuent d'exister chaque fois qu'on les supprime.

ÉCRIRE. En France, personne ne lit mais tout le monde écrit. Dans son coin. De petites choses. Compter cependant être pris chez Gallimard.

ÉCRIT. Est-ce la fin de l'écrit ? Non, c'est pour lui une nouvelle chance. (À propos des médias modernes.)

ÉCRIVAIN. « C'est un écrivain » : ce que l'on peut dire de mieux d'un écrivain.

ÉCRIVAIN AMÉRICAIN. Variété d'ivrogne américain. L'émotion d'abord. Écriture « minimaliste » (voir ce mot).

ÉCRIVAIN ET JOURNALISTE. Un journaliste qui a écrit trois livres (voir *Journaliste et écrivain*).

ÉCRIVAIN RÉSISTANT. 1. avoir été secouru par un éditeur collabo, en faveur de qui on témoignera ; 2. avoir libéré, avec une « vieille pétoire », un bar ou un bordel qu'on fréquentait.

ÉCRIVAIN RUSSE. Variété d'ivrogne russe. La passion d'abord. Écriture « baroque » (voir ce mot).

ÉCRIVAIN SEC. Rien au-dessus de l'écrivain *sec*. Le style *maigre* : du dernier bien. « En quelques mots, tout est dit. »

ÉCRIVAIN-VOYAGEUR. Moderne pour « beat », « routard », etc., les beaux hôtels en plus et le goût des capitales (voir ce mot).

ÉCRU. L'écru, c'est beau parce que c'est naturel.

EDF. Un État dans l'État.

ÉDILES. Tonner contre à propos du pavage des rues. « À quoi songent nos édiles ? »

ÉDITEUR COLLABO. 1. avoir aidé un écrivain résistant ; 2. avoir aidé un écrivain juif.

ÉDITEURS. Tous voleurs (voir *Garagistes*). N'éditent que ce qui marche en espérant que ça marchera. L'édition : toujours en crise.

ÉDUCATEUR. Ne s'occupe pas d'éducation mais d'« activités » (voir ce mot).

EFFET. Moderne pour syndrome : « l'effet Le Pen », « l'effet Maastricht », etc. Au pluriel : toujours pervers ou secondaires.

ÉGALITARISME. Tonner contre. Au lieu de supprimer les premières classes, qu'on supprime les secondes !

ÉGALITÉ. Nous a apporté l'égalitarisme, chose épouvantable. Vibrer en revanche pour l'« égalité des chances ». Égalité des hommes et des femmes : elle n'existera que le jour où l'on nommera des idiotes aux postes les plus élevés.

ÉGLISE. A sur tout une « position ».

ÉGLISES. Toujours fermées à la campagne. Tonner contre.

ÉGOCENTRIQUE. Vaut mieux qu'un égoïste. (Mais « narcissique » est ce qu'il y a de plus gratin.)

ÉGYPTE. Découverte par Bonaparte. Mystère des Pyramides et malédiction des pharaons. Aujourd'hui habitée par des sortes d'Arabes.

EIFFEL (Gustave). Contrairement à la rumeur, n'a pas inventé le porte-jarretelles. En revanche, a bien construit la tour Eiffel.

EINSTEIN. Modèle du savant farfelu. Était le seul à comprendre ce qu'il démontrait mais, hélas ! il est mort. Indispensable à tout débat sur Dieu et la Science.

ÉLECTORALE (Période —). Quand on n'en sort pas, c'est qu'on y entre.

ÉLECTROCHOC. Toujours « salutaire ».

ÉLECTRON. On ne s'intéresse qu'à l'électron libre.

ÉLECTRONIQUE. Passée de mode. On parlera d'informatique.

ÉLEVÉ CHEZ LES FRÈRES. On a beau faire, cela vous marque. Élevée chez les sœurs : *idem.*

ÉLÈVES DES GRANDES ÉCOLES. Futurs anciens élèves des grandes écoles.

ELIOT. Dire « T.S. Eliot », comme si ses prénoms étaient des initiales.

ÉLITISME. On l'aime « républicain » ou pas du tout.

ÉLITISTE. Être élitiste mais pas excluant.

ÉLISABÉTHAIN (Drame —). On y trouve ce qui manque à la tragédie classique : du sexe, du sang et des scènes injouables.

ÉLUS (Nos —). Meilleurs que nos politiciens.

ÉLYSÉE. Habitat incommode. Le « locataire de l'Élysée » est las de s'en plaindre.

EMBLÉMATIQUE. « Représentatif », en plus solennel.

ÉMINENCES GRISES. On ne voit qu'elles à la télévision. Ne cessent de se tromper sur un ton péremptoire.

ÉMOTION. Mauvaise conseillère, même « légitime ».

ÉMOUVANT (Visage —). Celui d'une femme laide et sympathique. « Émouvante petite vieille » : femme vieille et démunie.

EMPIRE. A des « fastes ». Quand ils ne font pas des guerres, les empires donnent des bals.

EMPLOI. Moderne pour « travail » quand on en manque. Plein emploi : n'existe pas.

EMPREINTE. Forte, sinon ineffaçable.

EMPREINTES DIGITALES. La preuve que Dieu est du côté des flics.

ENA. Dénoncée par les énarques. La supprimer ou, à la rigueur, en sortir.

ENCHAÎNEMENT. Toujours fatal, comme l'engrenage.

ENCORE. « Je vais *encore* grossir mais c'est *trop* bon » (en reprenant d'un plat).

ENDOGAMIE. Dénoncer l'endogamie des élites et les rapports consanguins du patronat (voir *Inceste*).

ÉNERGIE. Quand elle n'est pas électrique, elle est vitale.

ENFANCE. Avoir eu une enfance terrible ou pas d'enfance du tout. Enfance malheureuse : celle des riches élevés par les domestiques. Enfance heureuse : celle des pauvres (« il n'y avait pas toujours du pain à la maison mais on n'a jamais manqué d'amour »).

ENFANT TERRIBLE DE LA MODE. Un « créateur » jusqu'à l'âge de cinquante ans, s'il fait dans l'immettable. (Mais d'une technique époustouflante.) Surprend ensuite par son classicisme. (« Ex-enfant terrible de la mode. ») Finit dans l'ascèse. (Son génie se lit alors dans les détails.)

ENFANTS I. En vouloir trois, en avoir deux.

ENFANTS II. Quelle planète allons-nous leur laisser ? Quelles valeurs leur transmettre ?

ENFANTS III. Affecter pour eux une tendresse lyrique, quand il y a du monde.

ENFANTS IV. Feindre de les décrier, s'il y a du public. (« Mon crétin de fils », « ma gourde de fille », etc.)

ENFER. Existe mais sur terre.

ENGAGÉ. Il n'y a que l'intellectuel qui est engagé. Les personnes engagées ont la littérature engagée en horreur et le théâtre engagé en estime.

ENGRENAGE. Aussi fatal que l'enchaînement.

ÉNIÈME. On ne va pas se lancer dans une énième réforme de l'enseignement.

ÉNIGME. « Sa sexualité est une énigme » : chaste. (Plus rarement nécrophage ou zoophile.)

ENJEUX. Distinguer les vrais qui réclament notre attention (« il ne faut pas se tromper sur les vrais enjeux ») des faux (dont on n'entend jamais parler).

ENNEIGEMENT. Nom que prend la neige quand elle est souhaitée.

ENNEMI. « Son pire ennemi, c'est lui-même. » (Se dit d'un ton grave.)

ÉNONCER. Une contre-vérité souvent. Les vérités se disent (surtout les « quatre ») mais une contre-vérité s'énonce ou se profère.

ENQUÊTE. Vieilli pour « investigation ».

ENSEIGNANTS (Vacances des —). Tonner contre.

ENSEIGNEMENT. Un sacerdoce.

ENSEMBLE. Le « grand ensemble », spectacle épouvantable.

ENTERREMENT. On ne se voit plus qu'aux enterrements.

ENTORSE. Principal attrait du régime et récompense du cuisinier. Dire, en reprenant d'un plat : « C'est si bon que je vais faire une entorse. »

ENTOURAGE. S'en méfier : vous en êtes facilement « prisonnier ». D'une personne remarquable, dire qu'elle est mal entourée.

ENTRACTE. Toujours trop long !

ENTRE. Les spectateurs, souvent partagés « entre rires et larmes », et les pays, « entre tradition et modernité ».

ENTROPIE. Fait toujours bien, quand on parle d'usure.

ENVIRONNEMENT. Entité invisible qu'on doit protéger car il est perpétuellement « menacé ».

ÉPAISSEUR. Avec l'âge, on en prend.

ÉPARGNANT. Toujours petit et la proie des « spéculateurs » (nom convenu des gros épargnants).

ÉPHÉMÈRE. Nous vivons à l'ère de l'éphémère et ça risque de durer.

ÉPICURIEN. En fait, Épicure, c'est beaucoup moins plaisant qu'on croit.

ÉPIDÉMIOLOGIE. À cause de quoi, regarder la télévision protège du cancer de la gorge la population mâle des îles Salomon qui marche avec des sandales.

ÉPILEPTIQUE. Ne point toucher un épileptique en crise, vous seriez électrocuté.

ÉPISTÉMOLOGIQUE (Rupture —). Élégant pour « importante découverte ».

ÉPOQUE. On est toujours à la fin ou à l'aube d'une époque ou dans une époque de transition. Bref, on n'est plus à la grande époque des vraies époques.

ÉPOUSE. Nom que prend la femme dans certaines tribus. À qui vous apprend que son épouse a joué un rôle considérable dans sa vie professionnelle, ne pas répondre : « Vous vous en êtes bien tiré cependant. »

ÉPREUVES. *Politique* : elles n'ont pas manqué à ce pays mais il a toujours su les surmonter. (La preuve : il est encore là.)

ÉQUATION. Toujours « personnelle ». Chacun a son équation personnelle dont il faut tenir compte en même temps que d'autres « paramètres » (voir ce mot).

ÉQUILIBRE. Vertu bourgeoise. A remplacé le bon sens et le juste milieu. Il faut porter des jugements équilibrés, suivre des régimes équilibrés, retrouver son équilibre personnel et restaurer les grands équilibres.

ÉQUIPE. Apprendre à travailler en équipe. Équipe gouvernementale : il faut toujours la « resserrer ».

Équipe éducative : le fin du fin ; compétente et dévouée.

ÉQUIPÉE. Toujours folle.

ÉQUIVOQUE. Dénoncer les « princes de l'équivoque ».

ÉROS. Jamais très loin de Thanatos.

ÉROTISME. Au contraire de la pornographie qui est basse, l'érotisme est raffiné. L'auteur érotique idéal est une jeune femme de province élevée chez les Sœurs. On reconnaît la littérature érotique à son emploi de l'imparfait du subjonctif et des mots *rubescent, tumescent* et *turgescent*. Scènes érotiques : toujours d'un érotisme « torride ». Film érotique : nécessite une importante main-d'œuvre indigène en Asie du Sud-Est.

ÉRUDITION. Mal vue des gens cultivés, sauf celle d'un curé de village qui fait des fouilles. (Il n'y a d'érudits que « vieux » et en province, et il n'y a d'érudition qu'en Histoire.)

ESCALADE. Toujours « de la violence ».

ESCARGOTS. Être fier d'appartenir à un peuple qui mange les limaçons mais n'en jamais servir dans les dîners.

ESCROCS. La variété dite « de haut vol » : des gens charmants et drôles. Admirer les trouvailles des grands escrocs. Gagnent leur vie en inventant des histoires, comme font les romanciers. Se gausser des victimes d'une « belle escroquerie ».

ESPAGNE. Fière. Nous en veut à cause de Napoléon.

ESPAGNOLS. Devenus tout le contraire de ce qu'ils étaient mais continuent à se coucher tard.

ESPÈCE EN VOIE DE DISPARITION. Dire cela d'une personne honnête, désintéressée, cultivée, courtoise et qui vous prête sans reçu.

ESPÉRANCE DE VIE. Moyenne de la durée de vie des gens, supérieure à la durée de vie moyenne des gens qu'on connaît.

ESPION. Tue de sang-froid ses propres amis. Préféré pourtant à la plupart des gens qui tuent de sang-froid leurs propres amis. Espion homosexuel : a été élevé dans une *public school* (où on le fouettait avec des verges), puis a passé par Cambridge. Espion hétérosexuel : tue de sang-froid ses propres maîtresses.

ESPIONNITE. Comme l'appendicite, souvent « aiguë ».

ESPOIR. Faire gaffe à « ne pas tuer l'espoir ».

ESQUIMAU. Vulgaire pour « Inuit ».

ESSAI. Ne suffit pas : on doit le transformer.

ESSENTIEL. Il faut aller à l'essentiel.

ESTABLISHMENT. Tonner contre. Rappeler d'un ton acide qu'on n'en fit jamais partie.

ESTHÈTE. Toujours « pur ». Dédaigne le peuple, sauf les « vraies gens ».

ESTIVANT. Faire bon accueil aux estivants mais détester les touristes.

ÉTAT. Si mon entreprise était gérée comme l'État, j'aurais mis la clé sous la porte.

ÉTAT DE GRÂCE. Déjà terminé.

ÉTAT-PROVIDENCE. Sa « fin ». Tonner contre.

ÉTATS GÉNÉRAUX. Importante réunion.

ÉTÉ EXCEPTIONNEL. Un été où règne une température estivale (voir *Hiver*).

ÉTÉ INDIEN. Tout redoux.

ÉTERNITÉ. « Vivre un moment d'éternité ». (Cela fait poète.)

ÉTHIQUE. Déontologie, en plus huppé. Apprendre, enfant, la morale ; respecter la déontologie à l'âge adulte ; s'occuper d'éthique à la retraite (nombreux postes de Sages).

ETHNIE. Moderne pour « tribu ».

ETHNOLOGIE. À la sociologie, préférer l'ethnologie du quotidien.

ETHNOLOGUE. L'ethnographe n'a pas son prestige.

ÉTOILES. Nom convenu des macarons du Michelin. Le cuisinier qui a perdu une étoile : malheur épouvantable. On plaint sa femme et ses enfants.

ÉTONNER (S' —). Ne s'étonner que pour s'étonner que personne ne s'étonne.

ÉTRANGER. L'étranger, supérieur à la France (nous sommes sa « risée »). Les étrangers, inférieurs aux Français (« c'est une grâce d'être Français »). Ont des droits mais aussi des devoirs.

ÊTRE. Trop souvent sacrifié au Paraître ou à l'Avoir.

ÊTRE PARLANT. Fait psy : n'importe qui parlant d'« être parlant » n'est sûrement pas n'importe qui.

ÉTRUSQUE. Tous les vases anciens sont étrusques.

ÉTUDES DE DROIT. Appréciées des gens de droite.

EUPHORIE. « Douce », « générale » ou « boursière ».

EURO. Une chance pour l'Europe.

EUROCRATIE. Dénoncée par les énarques. Technocratie : bureaucratie sans entrailles. Eurocratie : technocratie sans patrie.

EUROPE. Il s'agit de savoir quelle Europe nous voulons.

EUROPÉEN. Se sentir Européen.

ÉVACUER. C'est surtout les problèmes et les questions qu'on évacue, rarement les gens.

ÉVÉNEMENTS. Toujours de 68 (auparavant : d'Algérie).

ÉVENTAIL. Toujours large.

EX. Ex-femme, ex-mari, ex-communiste : aujourd'hui fréquentables.

EXASPÉRATION. Bien préciser qu'elle était « à son comble ».

EXCENTRIQUE. L'Anglais, excentrique de naissance comme le Français est cartésien.

EXCEPTION. Persiste à confirmer la règle, sans qu'on sache vraiment pourquoi.

EXCEPTION FRANÇAISE. Fait du pays une spécialité du pays. Qu'un jour, tout participe de l'exception française est un espoir raisonnable, à commencer par : l'alliance avec le grand Turc, l'appellation d'origine contrôlée, la traversée de l'Atlantique en bateau à rames, la chasse en période de reproduction, le cinéma d'auteur, le colbertisme, la culture d'ingénieur, le diesel, le droit d'asile, le droit du sol, les droits de l'homme, l'économie mixte, l'édit de Nantes, l'Éducation nationale, l'enseignement des maternelles, l'escargot à l'ail, l'État-nation, l'État-providence, le fonctionnaire, le french doctor, le fromage au lait cru, le goût des philosophes, les grandes écoles, la grenouille à l'ail, l'interrogatoire musclé, le jacobinisme, Johnny Halliday, la laïcité, l'or à 18 carats, la passion de l'universel, la petite commune, la politique africaine, le régime de Sécurité sociale, la retraite par répartition, la révolution réussie, la révolution manquée, le thon au naturel, le Tour de France, l'usage du bidet et le vrai chocolat.

EXCESSIVEMENT. Parler de quelqu'un d'« excessivement simple ».

EXCLUS. Leur mission est d'éviter le sujet des pauvres, des alcooliques, des idiots, des miséreux et autres évocations désagréables.

EXCURSION. Méprisée par le voyageur. Se fait toujours en autocar.

EXÉCUTEUR. S'il n'est pas « testamentaire », c'est des « hautes œuvres » — ou des « basses » (on ne sait plus la différence).

EXERCICE. Préserve de toutes les maladies : toujours conseiller d'en faire.

EXIL. Chaque fois que change la majorité en France, qu'il soit question de partir à l'étranger.

EXISTENTIEL. Malaise, crise, angoisse, drame, etc. : jamais quelque chose de bien gai n'est « existentiel ». Évoquer cependant, s'agissant d'un champion de tennis, la « qualité existentielle » de son jeu.

EXORCISME. Quand on ne diabolise pas, on exorcise.

EXPATRIÉS. Nom que prennent les émigrés quand ils sont français.

EXPÉDITIONS. Nom que prennent les trajets quand il s'agit d'acheter du vin chez le producteur ou d'aller en banlieue.

EXPERTS. Se trompent sans arrêt. Toujours à se disputer (les « querelles d'experts »).

EXPIATOIRE (Cérémonie —). Moderne pour « réconciliation ».

EXPIRER. Ne se conjugue qu'à propos des abonnements de journaux.

EXPLICATION FRANCHE. Comme s'il y en avait de sournoises. En général, violente dispute.

EXPLOSION. Vieilli pour « implosion » (voir ce mot).

EXPOSITION. Il y a trop de monde. Railler tous ces gens qui se ruent aux expositions (et qu'on a pu observer dans les expositions).

EXTRA-TERRESTRES. Forcément porteurs d'un message de paix. À moins qu'après nous avoir laissé une dernière chance, ils ne nous punissent pour nos péchés.

EXTRÊME DROITE. N'a rien à faire avec celle d'hier, d'autant que c'est celle d'aujourd'hui.

EXTRÊME DROITE (Électeurs de l'—). Ne pas les mépriser ou, au contraire, les mépriser.

EXTRÊMES. Quand ils ne s'entretuent pas, ils se touchent.

# F

FACTEUR. Le temps, jamais l'espace : compter toujours avec le facteur-temps.

FAIM DANS LE MONDE. Tonner contre à des banquets. Songez à tous ces excédents qu'on détruit !

FAIT. Le plus souvent « troublant ».

FAIT DIVERS. Années 70 : le fait divers devient politique. Années 80 : la politique devient fait divers.

FAITS. Réclamer des « faits concrets » plutôt qu'abstraits. Et qu'on donne des chiffres !

FAKIR. Démodé pour « yogi ». Le yogi ne dort pas sur une planche à clous comme faisait le fakir mais il peut arrêter son cœur et sortir ses intestins pour les nettoyer.

FAMILLE. La mort de la famille fut annoncée trop vite.

FAN. Variété domestiquée du fanatique. Faire partie du fan-club de quelqu'un.

FANTAISIE. Démodée. Plus de fantaisistes mais des comiques.

FANTASME. Moderne pour « imagination ». Dans le fantasme, tout est permis. Ne pas raconter ses rêves mais parler de ses fantasmes.

FARD. Abîme la peau.

FARINE. Lourde. N'en pas mettre dans les sauces. (Dans le pain, c'est encore permis.)

FATALITÉ. A bon dos.

FATIGUE. Ne pas confondre la bonne fatigue qui vient du bon air et la mauvaise qui est un mal du siècle.

FAUNE. Beaucoup moins rassurante que la flore. Préférer les passants qui passent dans la rue à « la faune qui rôde sur les trottoirs ».

FAUT-IL BRÛLER. Sartre, Duras, la Sécu, le roman, Internet, etc.

FAUTE. « C'est pire qu'un crime, c'est une faute. » (Talleyrand.) « Il n'y a plus une seule faute à commettre. » (Thiers.) Ces deux phrases doivent être articulées avec profondeur.

FBI. Arrogant et fourbe mais plus sérieux que la CIA (voir ce sigle).

FÉCOND. Il est encore fécond, le ventre d'où est sortie la bête immonde.

FÉCULENT. Les réhabiliter absolument.

FÉDÉRALISME. Fait horreur aux Français. Le prôner sans le dire.

FELLINI (Federico). Inventeur des *créatures* de Fellini. Dire « le Maestro ».

FÊLURE. Chez l'individu normal, toujours « secrète ».

FÉMINISME. 1. saluer ses conquêtes ; 2. dénoncer ses excès.

FEMME. Mène de front plusieurs vies.

FEMME D'AUJOURD'HUI. La femme est « d'aujourd'hui » comme l'homme est « moderne ».

FEMME AU POUVOIR. N'aime pas le pouvoir pour le pouvoir mais pour faire bouger les choses. Ah, si les femmes avaient leur mot à dire, le monde serait plus doux et les guerres plus jolies.

FEMME DE POUVOIR. Son mari en souffre-t-il ? Et en a-t-elle un ? N'est-elle pas lesbienne ? Frigide ? Nymphomane ? La femme de pouvoir se reconnaît à ses cheveux courts et à son tailleur pratique de grande maison.

FEMMES. 1. on ne saura jamais rien des femmes, autant s'y faire (hommes : toujours aussi prévisibles, autant s'en accommoder) ; 2. ont plus d'humour que les hommes ; 3. qu'on ne dise pas LA femme, qu'on ne dise pas L'homme, les êtres humains sont gens de toute espèce.

FENÊTRE. Trouver une fenêtre de tir. Ça fait sérieux.

FÉODALITÉS. Ont survécu aux temps féodaux.

FER. N'est pas dans les épinards (mort d'un préjugé) ; nous en manquons cruellement (naissance d'une idée reçue).

FERME (adjectif). Toujours suivi de « comme un roc ».

FERME (substantif). L'exploitation, quand ce sont les citadins qui en parlent. Les exploitants sont agricoles mais fermiers, les fromages. Le travail est sur l'exploitation ; les vacances, à la ferme. L'exploitation a des bêtes ; la ferme, des animaux, etc.

FÊTE. Retrouver le sens de la fête.

FÊTE DES MÈRES. Souhaitant sa fête à sa mère, qu'on lui rappelle que c'est une occasion inventée par Pétain.

FÉTICHISME. « Je ne suis pas fétichiste des objets » : moderne pour « tant pis si cette tasse est cassée ».

FEU. Purifie tout. Quand on entend crier « au feu », commencer par perdre la tête.

FEU (Jouer avec le —). Réservé aux adultes. (L'enfant, c'est avec des allumettes.)

FEUILLETON. Toujours « inépuisable ». Feuilleton de l'été : toute affaire, quand la télévision manque de sujets.

FEYDEAU (Théâtre de —). C'est remonté comme une horloge.

FIANCÉ. « Fiancé » : l'ami des top modèles. « Fiancée » : l'amie des rock stars. (Parler de « fiancé(e) du moment ».)

FIAT. Statutairement précédée de « petite » (mais « grosse » Mercedes).

FIBRES. L'apport en fibres, chose sacrée. Fibre maternelle : n'existe pas.

FICELLE. Toujours un peu grosse.

FICHE. Un objet qui a disparu. Cependant, nous sommes fichés.

FICTION. Moderne pour « roman ».

FIDÈLE. « Fidèle d'entre les fidèles » : factotum. L'appeler « la Voix de son Maître ».

FIEF. Un élu ne rentre jamais chez lui mais dans son fief.

FIELDS (W.C.). Son trait commun avec T.S. Eliot : il n'a pas de prénom. Citer de lui : « Quelqu'un qui n'aime pas les chiens ni les enfants ne peut être complètement mauvais. »

FIGARO. Vaut mieux que son courrier des lecteurs.

FIGARO (Lecteurs du —). Servent à ce que *Le Figaro* vaille mieux qu'eux.

FIGARO (Le Mariage de —). Encore une des causes de la Révolution !

FIGURE. En général « emblématique » (voir ce mot).

FILET (Sans —). L'artiste travaille ainsi.

FILIÈRES. Ont remplacé les vocations. Choisir une bonne filière.

FILLE. Moderne pour « jeune fille ». Ne joue plus du piano.

FILM D'AUTEUR. Qu'on a fait avec des potes.

FILS, FILLE DE. Être l'enfant de *quelqu'un*, bon, ce n'est peut-être pas comme de grandir dans une banlieue difficile mais c'est un lourd handicap.

FIN. Tragique, atroce, pénible ou prématurée plus souvent que drôle, souriante, agréable ou tardive.

FIN DE SIÈCLE. Propice à la décadence et à l'effondrement des valeurs. Y a-t-il un esprit fin de siècle ? Toutes les fins de siècle se ressemblent, etc. mais annoncent des temps nouveaux.

FINANCIERS. Plus raffinés que les capitalistes. Se réunissent en secret dans des salles aux boiseries d'acajou.

FINNEGAN'S WAKE. Suggérer qu'on l'a lu. « Le grand personnage des romans de Joyce, c'est le langage » : une phrase qui vous pose, on vous laissera tranquille. « Mot-valise » : expression à connaître.

FISC. Sorte de meule : pressure, écrase et saigne. Les agents du fisc, plus redoutés que ceux des impôts.

FIXETTE. Moderne pour « attirance ».

FLAGELLATION. Démodé pour « autoflagellation » (voir ce mot).

FLAMBOYANT. Se dit d'un mélodrame. « Personnage flamboyant » : canaille très gratin ; recherché à l'égal du Sulfureux (voir ce mot).

FLAUBERT (Gustave). N'arrêtait pas de gueuler. Citer de lui : « Madame Bovary, c'est moi » (et non pas « Je est un autre » : ça, c'est un autre). Sa modernité.

FLÉAU. Moderne pour « nuisance ».

FLEURONS. Il n'y en a que dans l'industrie, et toujours beaux. (« Le Groupe va se défaire de ses plus beaux fleurons. »)

FLEXIBILITÉ. « Introduire une certaine flexibilité dans les horaires » : moderne pour « obliger à travailler la nuit ».

FLUIDE. État de la circulation.

FOCH (Avenue). Autant habiter à Juvisy que du mauvais côté de l'avenue Foch.

FOLIE. Moderne pour « gaîté ».

FOLKLORE. L'ethnologie des imbéciles. Se moquer des danses folkloriques. Aimer le folk.

FONCTION. On est toujours appelé à de hautes fonctions. En quoi la fonction est préférable au poste.

FONCTIONNAIRE. Variété de privilégié mal payé, mal équipé et mal traité. Opposer la *mentalité* de fonctionnaire à l'*esprit* d'entreprise.

FONCTIONNAIRES. Mis de côté l'enseignement, la recherche, la police, la justice, l'environnement, la prévention, la répression des fraudes, les transports et la poste, il y en a bien trop.

FONCTIONNEL. Toujours froid.

FOND. Explique énormément de choses, pourvu qu'il soit judéo-chrétien et vieux : « C'est à cause, sans doute, d'un vieux fond judéo-chrétien », etc. (voir ces mots).

FOND (— du problème). Il est temps de l'aborder.

FOND (Problèmes de —). Il est temps de les aborder.

FONDS SECRETS. Sommes incalculables avec lesquelles les ministres achètent les consciences. S'indigner contre.

FOOTBALL. Ce qu'on n'aime pas, dans le foot, c'est ce qu'il y a autour. Homme politique : être passionné de foot et se relever la nuit pour regarder des cassettes (s'il allait à la pêche ou en boîte, on dirait qu'il ne fait rien).

FORCES. Au contraire des faiblesses (humaines), les forces sont mystérieuses ou occultes. Parler avec solennité des « forces qui régissent la nature ».

FORCES DE L'ORDRE. Ne pas confondre les forces de l'ordre qui répriment les manifestations et la police qui n'est jamais là.

FORÊT (Incendie de —). La fatalité a bon dos. Les pyromanes les plus fanatiques sont toujours des pompiers.

FORMATION. L'éducation chez les pauvres.

FORME. 1. ne doit pas faire oublier le fond (ni la lettre, l'esprit), même si la forme agit sur le fond ; 2. « Comment faites-vous pour être en si bonne forme ? » : qu'on ne pose ce genre de question qu'à de grands vieillards.

FORMULE. Toujours lapidaire.

FORTERESSE. « Enseignante » ou « de Bercy ».

FORT-KNOX. Tellement impénétrable qu'on se demande s'il y a des gens à l'intérieur.

FORTUNE. Ne pas avoir de fortune *personnelle* (comme si l'on en détenait d'autres sortes) mais être assujetti à l'IGF et tonner contre.

FORUM. Forums de discussion : préludes à des états généraux (voir ces mots).

FOU. « Fou complet » : moderne pour « original ».

FOULARD. Quand il n'est pas Hermès, islamique.

FOURMI. 1. métaphore du Japonais ; 2. informé des agissements d'une « mafia », s'écrier : « Ah, qui donnera un bon coup de pied dans la fourmilière ! » ; 3. les fourmis en remontrent aux hommes pour l'organisation des sociétés.

FOURRURE. Tonner contre. On écorche les animaux vivants, et jusqu'aux bébés.

FRAGILE. Tout cessez-le-feu.

FRANÇAIS. Honneur d'être français. Privilège d'être français. Être français : un hasard mais heureux. Bref, de la droite à la gauche, on est plutôt content (dénigrer ces Français qui dénigrent tout).

FRANÇAIS À L'ÉTRANGER. Incarnation de l'esprit franchouillard. À tout prix les éviter.

FRANÇAIS DE L'ÉTRANGER. Incarnation de l'esprit d'aventure. À toute force les rencontrer.

FRANÇAIS SANS ACCENT. Avec l'accent des Tourangeaux.

FRANÇAIS DE SOUCHE. Moderne pour « Français ».

FRANÇAISE (À la —). Moderne pour « français ». Synonyme d'original ou d'épatant (souvent les deux).

FRANCE. Patrie du bien boire et du bien manger. La France est une personne. « Éternelle » depuis longtemps. Ne manque pas d'atouts. Serait mieux sans les Français, disent les touristes (en tirer vanité).

FRANCHISE. A le droit d'être « brutale ».

FRANCHOUILLARD. 1. déclarer devant son coq au vin : « Moi, je suis ouvert à tout mais franchouillard en cuisine » ; 2. dire : « Voilà qui est bien franchouillard », plutôt que : « Voilà qui est français ». (Faute de quoi on semblerait franchouillard.)

FRANCILIENS. Toute leur vie, c'est les transports. En tout cas, on ne les interroge qu'à ce sujet.

FRANCO-FRANÇAIS. Moderne pour « interne » : « Ces querelles franco-françaises. »

FRANCOPHILE. Connaît mieux les vins que nous.

FRANCOPHONE. Nous en remontre pour la syntaxe.

FRANCOPHONIE. Voyager à l'étranger mais se déplacer dans la francophonie.

FRANCS. Sortes d'Allemands. Devenus, comme les Alsaciens, plus français que nature.

FRANCS-MAÇONS. Se flatter de connaître leurs secrets. Tous les cuisiniers sont francs-maçons. On postulera quand il y aura des femmes. D'un homme dévoué, dire : « C'est un maçon sans tablier. »

FRANCS-TIREURS. Plus terribles que l'ennemi.

FRANKENSTEIN. Punition du Ciel pour Frankenstein : on le confond avec sa créature.

FRESQUE. Toujours vaste et historique.

FREUD (Sigmund). En fait, un bourgeois plutôt coincé. L'appeler « Sigmund » ou « ce bon docteur Freud ».

FRIC. Ne pas s'intéresser au fric ; encore moins à l'argent.

FRICHE. Regrettable mais favorise le retour du coquelicot.

FRISSON. En général, « garanti ».

FRITES. Où trouve-t-on encore de vraies bonnes frites, sèches à l'extérieur, brûlantes et moelleuses au dedans ? Prétendre que les meilleures sont faites à la graisse de cheval, sur les foires, est d'un bel effet.

FROID. Plus sain que la chaleur.

FROMAGE. Comment gouverner un pays où il y a trois cents fromages ? Au dîner, n'en présenter qu'un mais bien choisi, ou alors beaucoup (mais bien choisis).

FROMAGE ET DESSERT. Comble de la félicité (mais on se contentera d'un café car on doit travailler).

FROMAGE DE TÊTE. Il n'y a plus de vrai fromage de tête, avec du croquant.

FRONT POPULAIRE. Tenir en estime les « ambiances Front Popu ». Les premiers congés payés : délicieux. Ils faisaient du tandem sans encombrer les routes.

FRONTIÈRES. Totalement dépassées mais un contrôle est nécessaire.

FUIR (À —). Moderne pour « éviter (à —) ».

FUITE. Toujours « en avant », sans quoi il s'agit d'une reculade.

FUMER. Arrêter.

FUMEUR. Toujours « invétéré ».

FURIE FRANÇAISE. Toujours prononcer *furia francese.*

FUSIBLE. Surnom familier d'un premier ministre.

FUSIONNELLES (Relations très —). Vivre ensemble.

FUTUR (Dans le —). Moderne pour « dans l'avenir ».

FUTUROLOGUES. Les astrologues se trompent moins souvent.

# G

Gabriel-Péri. Nom des rues en banlieue.

Gadgets. Ce ne sont plus des objets mais des initiatives : réclamer des mesures qui ne soient pas de simples gadgets.

Gaieté. Toujours « folle ».

Gains. S'indigner de ce qu'en France, on cache ses revenus. « Je dirai mes gains quand vous direz les vôtres ! »

Galanterie. Préciser : « d'un autre âge ».

Gamay. Se boit frais.

Gambetta (Léon). A voyagé en ballon et laissé des boulevards.

Gandhi. On lui doit la plus belle des idées reçues : que l'Inde est non-violente.

Gange. « Sacré, peut-être, mais on ne me ferait pas baigner là-dedans ! »

Garagistes. Tous des voleurs (voir *Hôteliers*).

Garde. Celle des présidents est rapprochée.

Gardiens. Vont par couple dans les châteaux.

GÂTEAU. Chacun a droit à sa part de gâteau mais, aujourd'hui, les miettes du festin sont rares. Ou encore : si l'on ne peut pas agrandir le gâteau, il faut en réduire les parts. (Présenter cela comme de l'économie politique.)

GAUCHE ET DROITE. « Clivage dépassé » pour qui, de gauche, a passé à droite.

GAUCHERS. Terribles à l'escrime. Plus adroits que ceux qui se servent de la main droite.

GAULLE (Charles de). L'opposer à Pétain Philippe (c'est d'ailleurs ce qu'il a fait). Dire « le Général ». Citer un mot probablement apocryphe du « Général ».

GAULLISTE. Rappeler que tout le monde a été, est ou sera gaulliste, ce à quoi quelqu'un vous répondra : « Sauf moi. »

GAULLISTE DE GAUCHE (Ancien —). Variété sympathique de vieux con de droite.

GAULOIS. Laudatif pour « franchouillard » (voir ce mot). Les Gaulois partaient pour la guerre en famille dans des chariots à roues carrées. De toute l'Europe, il n'y avait qu'eux qui braillaient et qui portaient des braies.

GAY. Évite aux homosexuels d'être des pédés, et inversement.

GAZ. Inodore. Ils rajoutent la mauvaise odeur exprès pour qu'on s'inquiète mais on pourrait aussi bien le parfumer au patchouli. Gaz naturel : plus naturel que l'autre. Histoire terrible du bébé que la nurse a endormi au gaz de ville (voir *Micro-ondes*).

GAZETTE. Intéresse le lecteur récent (« J'ai lu récemment dans les gazettes... »), à part quoi on ne lit que le journal.

GAZON. Le gazon anglais, inimitable (terminé aux ciseaux à ongles). Nous n'avons, à côté, que des pelouses.

GÉLULE. Fait mieux qu'un comprimé.

GÉMELLITÉ. Le fantasme de gémellité, très chic ; plus huppé que le rêve d'une âme-sœur.

GENDRE. Toujours « idéal » (les brus ? on s'en moque).

GÉNÉRALISTE. Tout ce qui n'était pas généraliste était autrefois spécialisé (par exemple, la médecine et la presse). Aujourd'hui, tout ce qui n'est pas spécialisé est généraliste (ainsi, les médecins et les journaux).

GÉNÉRATION. Objet d'une malédiction séculaire. Le mieux qui peut lui arriver : d'être « coincée entre deux générations ». Le pis : d'être « sacrifiée » ou « perdue ».

GÉNÉRER. Moderne pour « causer ».

GÈNES. Plutôt que : « Il faut me prendre comme je suis », qu'on dise : « C'est inscrit dans mes gènes. »

GENÈSE. Exposer la genèse d'un conflit, c'est quand même autre chose que d'expliquer son origine.

GENÊT (Jean). Pas besoin de faire Normale pour écrire bien, ça s'apprend en maison de correction.

GÉNÉTIQUE (C'est —). Moderne pour « c'est inné ».

GÉNIE. Quand il n'est pas « génétique », le génie se reconnaît à ceci, qu'au contraire des gens simplement intelligents, il a l'apparence d'un idiot. Avait d'ailleurs du retard à la petite école.

GÉNOCIDE. Parler à tout propos de « véritable génocide », sauf en présence d'un vrai génocide, qu'on n'identifie qu'après coup.

GÉNOME HUMAIN. Marquer son souci de préserver le génome humain est d'un grand effet dans les dîners.

GENOU. Qu'on ne parle jamais de son mal au genou car, enfin, qu'est-ce à côté d'un mal au dos ?

GENRES. Il ne faut pas les mélanger.

GENS. Les gens sont bourrés de défauts. Préférer les « vraies gens ».

GENS (Ces — là). N'avoir rien en commun avec ces gens-là.

GENT. Toujours « féminine ».

GENTIL. « Il est gentil » : se dit d'un crétin inoffensif.

GENTLEMAN-FARMER. Désuet pour « chef d'exploitation ».

GÉOMÉTRIE. Variable.

GÉOPOLITIQUE. Moins ennuyeuse que la géographie et plus élégante que la politique. « Grandes considérations géopolitiques » : pas question d'y entrer. Dire : « Sans entrer dans les grandes considérations géopolitiques », et commencer un cours sur l'Afrique des grands lacs.

GÉORGIEN. Sitôt qu'il passe à table, il se met à chanter. Staline, brebis galeuse des Géorgiens.

GÉRER. Gérer tout, à commencer par l'ingérable : deuil, grève, pénurie.

GÉRER (Se —). Allant bien, qu'on dise qu'« on se gère ».

GERGOVIE. Tout le monde s'en moque : c'est une victoire.

GÉRICAULT. Surtout connu pour son *Titanic* en bois.

GERMAINS. On les préfère aux Teutons.

GERMANISTE. S'ébaudir : « Quoi, vous parlez l'allemand ? »

GERS. Réserve de « derniers paysans ». Patrie de d'Artagnan, aussi y a-t-on l'esprit mousquetaire.

GESTAPO. Idole des agents du fisc, aux yeux des commerçants.

GESTE. Architectural, fondateur ou secourable, le geste est toujours noble.

GESTUELLE. Admirer la gestuelle de quelqu'un plutôt que sa façon de se remuer. (Tout aussi élégant : sa « manière de bouger ».)

GHETTO. Il ne faut pas se laisser enfermer dans un ghetto ou, sinon, il faut en sortir.

GIBERT. Jeune, comme Mozart est enfant.

GIDE (André). Lutinait publiquement des prix Nobel au prétexte qu'il avait reçu le garçon — ou bien fut-ce le contraire ?

GIGOT. Les yeux chavirés, exiger la souris.

GIONO (Jean). Inventeur des atmosphères à la Giono.

GIRAUDOUX (Jean). Inventeur des personnages de Giraudoux.

GIRONDIN. Plus bonasse que le Montagnard. Est allé à l'échafaud en élégante chemise blanche.

GISEMENT. « D'emplois », depuis qu'on a renoncé à l'extraction du charbon pour l'éradication du chômage.

GLACIERS. Reculent tous les ans. Quand il n'y en aura plus, les terres seront submergées et la planète basculera, nous versant dans l'espace.

GLOBAL. Toujours précédé de « village ».

GLOBE. Prestigieuse : la « physique du globe » (le monde, c'est de l'économie, la terre, c'est de l'écologie, la planète, c'est du souci : « Quelle planète allons-nous laisser à nos enfants ? »).

GLOIRE. Il n'y a plus de gloires mais des célébrités.

GLUCIDES. Avoir la hantise des mauvais glucides et la passion des sucres lents.

GODARD (Jean-Luc). L'adorer sans avoir vu ses films vaut mieux que le contraire dans un dîner.

GOEBBELS. Dire : « Quand j'entends le mot revolver, je sors ma culture. »

GOLDEN (Pommes —). Tonner contre.

GONCOURT (Prix —). Les Goncourt : truqués. Le Goncourt : l'avoir lu.

GOTHIQUE. On est « gothique » ou « roman », c'est ainsi.

GOUFFRE. Toujours « d'ignorance ». (L'ignorance a son gouffre, la perplexité son abîme.)

GOURMETTE. Terrible attentat contre le goût : « Ce genre d'homme à gourmette. »

GOÛT. « Ce qui est simple est de bon goût » : à qui s'excuse de la modestie de sa toilette.

GOUVERNEMENT. Doit parler d'une seule voix et présenter une équipe resserrée.

GOYA. Peignit également des tableaux qui ne sont pas goyesques.

GRAFFITI. À distinguer soigneusement de l'art pariétal.

GRAISSE. Toujours « mauvaise ». L'ennemi du genre humain. Preuve que le Mal est présent en ce monde.

GRAMME (Je n'ai pas pris un —). Soirée spécialement réussie.

GRAMSCI (Antonio). Avoir lu Gramsci Antonio témoigne de ce qu'on fut un communiste éclairé ou un fasciste intelligent.

GRANDES MANŒUVRES. Toujours électorales ou diplomatiques. Ont déjà commencé.

GRANDE PAUVRETÉ. Moderne pour « pauvreté ».

GRANDEUR. Un rêve. S'en méfier. Présage la décadence depuis l'Antiquité.

GRAND INTELLECTUEL FRANÇAIS. N'est vraiment reconnu qu'en Amérique.

GRAND'MÈRE. À la différence des mères, les grand'mères avaient des recettes, qu'elles écrivaient dans des cahiers, et savaient quoi faire avec les taches.

GRAND'PÈRE. À la différence des pères, les grands'pères connaissaient les champignons et savaient des coins à truite.

GRANDS INTELLECTUELS. Déplorer leur silence ou soupçonner leur disparition.

GRAPHIQUE (Très —). Moderne pour « noir et blanc ».

GRAPHISME. Toujours « élégant ».

GRAPHOLOGIE. Renseigne de première main sur les célébrités. Regardez ces jambages ! Voyez ces « p » ! Mais, attention, ce n'est pas une science exacte.

GRAS-DOUBLE. Pas du tout gras, en vérité.

GRASSE MATINÉE. Rien de si malsain. On se lève épuisé.

GRATIN. C'est bon un bon gratin.

GRAVITÉ. Être grave, jamais sérieux.

GRÈCE. Berceau de la démocratie. Grand respect pour l'agora.

GRECS. Hier philosophes. Aujourd'hui malins. Ceux qui ne sont pas armateurs tiennent des restaurants catastrophiques. Découvrir un « bon grec » : comble de félicité.

GREFFE. Prendra-t-elle ?

GREGORY. Toujours précédé de « petit ».

GRENIER. Plus les greniers sont rares, plus il y a de vide-greniers.

GRENOUILLE (Cuisses de —). N'en servir qu'aux étrangers.

GREVISSE (Ernest). Et pas Grévisse Ernest.

GRIGNOTER TOUTE LA JOURNÉE. Moderne pour « manger voracement ».

GRILL. Meilleur pour la santé, mais ça donne le cancer.

GRIPPE. Sera terrible cette année.

GRISAILLE. Toujours bureaucratique (par opposition au monde coloré de l'entreprise).

GROS BRAS. Variété de cégétiste : toutes les organisations ont leur service d'ordre, la CGT a ses gros bras.

GROSSEUR. À qui vous annonce qu'il a une grosseur, ne pas répondre que « tumeur » est le mot juste.

GROUCHY. On l'attend toujours.

GROUPUSCULE. Toujours extrémiste ou dérisoire. Se moquer des groupuscules mais rappeler que tout parti a commencé ainsi (et toute religion par une secte).

GUÉRILLA. Moderne pour « obstruction parlementaire ».

GUERRE. Révèle les hommes. Nos enfants connaîtront-ils un monde sans guerre ?

GUERRE DES SEXES. Impossible chez nous.

GUEVARA (Ernesto, dit Che). Mort, il ressemblait au Christ de Mantegna.

GUIGNOLS. Répondent à une saine tradition française : « On a toujours aimé voir rosser le gendarme. » *Politique* : apprécier les comiques seulement s'ils vous attaquent.

GUILLEMETS. Dire « avec beaucoup de guillemets » évite de faire cui-cui avec les doigts quand on tient une fourchette.

GUINGUETTE. Au bord de la Marne, forcément.

GUINNESS (Entrer dans le —). Une façon qu'ont les pauvres d'entrer dans l'Histoire.

GUITRY (Sacha). Adorer Guitry Sacha.

GUTENBERG. N'est pas mort.

# H

HAINE. Volontiers « inexpiable ».

HALIEUTIQUE. Parler d'« activités halieutiques » ou de « pêche hauturière » vous range parmi les gens qui ne plaisantent pas avec la marine.

HALLEY (Comète de —). Sujet principal des dîners tous les soixante-seize ans.

HAMBURGER. Les vrais patriotes le haïssent. « Les Américains ne mangent que des hamburgers » (même s'ils se gavent de pizzas). « Civilisation du hamburger » : le contraire d'une civilisation.

HAMLET. Si l'on vous donne à dîner du crâne, ce qui est peu fréquent, marmonner : « *Alas, poor Yorik...* »

HAPPENING. Moderne pour « discussion un peu vive » (voir *Psychodrame*).

HARCÈLEMENT. Exclusivement sexuel (voir *Attouchements*).

HARD (Un peu —). Moderne pour « un peu raide ».

HARENG POMMES À L'HUILE. « Je me damnerais pour un bon vieux hareng pommes à l'huile » : dire cela en mangeant des truffes. Ou encore, sur le caviar : « Un œuf mayo suffit à mon bonheur. »

HARMONIE. Quand on est trop pareils dans un couple, c'est comme quand on est trop différents, on s'entend mal.

HASARD. 1. « Je ne crois pas au hasard dans ce genre d'affaires » (dire cela d'un air profond et entendu) ; 2. hasard ou nécessité ? Dieu joue-t-il aux dés ? (Citer Einstein.)

HAS BEEN. Connaît un vif succès au Japon.

HASCHISCH. Bien sûr qu'on a essayé.

HAUSSMANN (Georges, *baron*). Tout ce qui n'est pas le vieux Paris ni les « merdes qu'on a construites dans les années 60 et 70 », c'est du « Paris d'Haussmann ». Aimer le Paris d'Haussmann : façon d'être à la fois moderne et passéiste.

HAUTS-DE-SEINE. Plus riches que la Grèce. Tenus par des clans.

HAVRE. Toujours « de paix » (voir *Oasis*).

HÉCATOMBE. Il n'y en a que sur les routes, au week-end de la Toussaint.

HÉDONISME. Abuser avec modération. « Hédonisme contemporain » : tonner contre. « Consommation hédoniste » : moderne pour « absorption raisonnable de substances alcoolisées, dangereuses ou illicites entre gens civilisés ». « Hédoniste », « épicurien » : variétés appréciées du sale égoïste.

HEIDEGGER (Martin). « Pourquoi y a-t-il quelque chose plutôt que rien ? »

HÉMICYCLE. Autre nom de l'Assemblée. Toujours désert ou bondé.

HEMINGWAY (Ernest). Connu au Ritz. Avait des couilles.

HÉMISPHÈRE DU CERVEAU. Expliquer qu'on « sollicite beaucoup son hémisphère gauche » suggère qu'on est pas mal créatif. (En réalité, il s'agit du droit mais on se trompe toujours car gauche fait gaucher et gaucher fait artiste.)

HENRI II. A beaucoup de peine à se dégager de sa réputation de buffet.

HERGÉ. Dire : le « père de Tintin ».

HÉRITAGE. Détruit les familles. Des histoires de brouilles pour un compotier. *Politique* : la situation héritée de l'adversaire, toujours catastrophique. En raison de quoi, échouer, c'est « assumer l'héritage », et réussir, le « solder ».

HÉROS D'AUJOURD'HUI. Anti-héros.

HÉROS SELON *PARIS-MATCH*. Tout général américain qui, depuis un PC secret, a conduit une guerre électronique contre un tyran du tiers-monde. Tout fantassin qui attend le résultat de la dite guerre en luttant contre la chaleur. Tout rescapé d'une catastrophe. Tout naufragé d'une course en solitaire. Tout « soldat du feu ».

HEURES SOMBRES DE NOTRE HISTOIRE. Appartiennent aux « années noires » (jamais d'heures noires ni d'années sombres).

HEXAGONALE (Mentalité —). Moderne pour « esprit étroit ».

HIATUS. Ne pas le tolérer.

HILARITÉ. Franche ou générale, plus souvent que sournoise ou particulière.

HINDOUISME. Incliner plutôt vers le bouddhisme ; l'hindouisme est trop compliqué.

HISTOIRE. Au choix, se répète ou ne se répète jamais. Ce qui est sûr, c'est qu'elle bégaie.

HISTOIRE BELGE. Crime atroce, viol, scandale, etc. : « Une histoire belge dont nos voisins se seraient bien passés. »

HISTOIRES BELGES. Dénoncer le « racisme latent » des histoires belges puis en raconter.

HISTOIRES DRÔLES. Il a bien fallu que *quelqu'un* les invente. À peine on les entend qu'on les oublie, il faudrait les noter.

HISTORIQUE (Moment —). « Nous assistons à un moment historique » : dire cela avec l'assurance d'un expert capable d'évaluer les moments d'un coup d'œil.

HITCHCOCK (Alfred). Filmait les scènes d'amour comme des assassinats, ou le contraire.

HITLER. Tout vint de ce qu'il échoua dans les beaux-arts.

HIVER RIGOUREUX. Un hiver où règne une température hivernale.

HOCKEY SUR GAZON. Très difficile à cause des patins.

HOLLANDAIS. Le Hollandais est frugal et tolérant. Ou encore : le Hollandais est radin et permissif. Circule à bicyclette sur de hauts vélos noirs. On peut voir en Bretagne des ministres hollandais dans des campings. Là-bas, tout est en miniature, sauf les indigènes qui sont très grands parce qu'ils mangent des laitages.

HOLLYWOOD. Impose ses « diktats » aux créateurs. Il n'y a de bon cinéma qu'à New York.

HOMARD. Q. Faut-il dire « à l'Américaine » ou « à l'Armoricaine » ? R. Il faut le manger nature.

HOMÈRE. Non seulement le pauvre type était vieux et aveugle mais il n'a peut-être pas existé.

HOMMAGE. Partage avec le plaidoyer la singularité d'être « vibrant ».

HOMME. Citer Marx : « L'homme est un loup pour l'homme. » (Tout le monde ignore que c'est de Hobbes.) Hommes : Toujours un peu lâches et tous des obsédés. Ce sont de grands enfants. Citer leurs mauvaises actions : « Ah, voilà bien les hommes ! » Grands hommes : ont leurs petitesses.

HOMME POLITIQUE. Trop rarement, c'est une femme. Passe plus de temps chez le juge qu'à son bureau.

HONGROIS. Quand ils s'appellent des Magyars, ils galopent sur des petits chevaux, en tenue chamarrée.

HONNÊTE TRAVAILLEUR. Hier : ouvrier docile. Aujourd'hui : immigré en situation régulière.

HONORAIRES. Toujours élevés.

HÔPITAL. Si l'on met de côté les problèmes de place et de personnel, la misère du décor et les déficiences de l'accueil, le mépris affiché des mandarins, le scandale des urgences, les bavures médicales, les pots-de-vin et la médiocrité de la nourriture, l'hôpital français est excellent.

HOQUET. Permet de s'amuser à se faire peur entre amis. Chacun sa recette. Histoire de cet homme qui eut trente ans le hoquet.

HORDES. Depuis la disparition des loups, ce sont des photographes.

HORMONAL (C'est —). Élégant pour : « C'est la ménopause. » Troubles inexpliqués : « Une question d'hormones. »

HOROSCOPES. On n'y croit pas (comme la plupart des Verseaux) mais on a lu le sien dans *Elle*.

HORREUR. Absolue, le plus souvent.

HÔTELIERS. Tous des voleurs du 1er juillet au 31 août (voir *Huissiers*).

HUGO (Victor). A vécu en exil sur un rocher au milieu de la tempête. L'appeler « le père Hugo ». Bandait encore dans son cercueil.

HUISSIERS. Tous des voleurs et des brutes (voir *Laboratoires pharmaceutiques*).

HUÎTRES. Dire qu'elles sont grasses quand elles sont laiteuses, et inversement. Anecdotes sanglantes sur l'ouverture des huîtres.

HUMAIN. « Humain, trop humain ! » (À proférer d'un air sombre et d'une voix caverneuse.)

HUMAINE (L' — condition). La condition humaine, en plus huppé.

HUMANITAIRE. Moderne pour « humain ». Exemple : « Un grand élan de solidarité humanitaire. »

HUMANITÉ (L' —). Il faut lire *L'Huma* entre les lignes.

HUMOUR. Quand on a gravement blessé quelqu'un, se récrier : « Allons, un peu d'humour ! »

HUSSARD. Tout écrivain de droite qui écrit des romans brefs où il y a des jeunes filles un peu mondaines et des jeunes gens un peu cyniques.

HYGIÈNE. Quand on parle d'hygiène, c'est en général pour signaler qu'elle est déplorable. (Les « conditions d'hygiène », elles, carrément catastrophiques.) Il vaut mieux ne pas savoir ce qui se passe aux cuisines. (Récits d'épouvante au sujet de rats écrasés dans les sorbetières.)

HYPERRÉALISTE. Moderne pour « très ressemblant ».

HYPOTHÈSE. Souvent hardie.

HYSTÉRIE. Toujours collective.

# I

IBSEN (Henrik). Essayer de ne pas le confondre avec Strindberg August.

ICEBERG. Est en deux parties.

ICONOCLASTE. Se dit d'un rapport qu'on enterre.

IDÉAL. Dans un monde idéal, loups et moutons iraient main dans la main.

IDÉAUX. Les jeunes n'ont plus d'idéaux.

IDÉE. À dénoncer tout spécialement : la « fausse bonne idée ». « Contrairement aux idées reçues... » : dire cela d'un ton expert (prépare la voix à des lieux communs rafraîchissants).

IDENTITÉ. Très élégantes : la recherche d'une identité, la crise d'identité.

IDÉOLOGIES. Moderne pour « marxisme ». Célébrer la fin des idéologies. Leur préférer « les idées ». Quelles idées ? Peu importe.

IDOLES. Les déboulonner absolument.

IGNORANCE. Toujours « crasse ».

ÎLE-DE-FRANCE. Berceau des rois.

ILIADE. Toujours suivie de *L'Odyssée.*

ILLETTRISME. Tare caractéristique des pays alphabétisés. L'école combat l'illettrisme dans les pays pauvres ; en France, elle le favorise. (À propos, cela prend-il bien deux *l* et deux *t* ?)

IMAGE. *Médias* : nous sommes au siècle de l'image. *Politique* : prendre soin de ne pas brouiller son image. « Image du père » : plus importante que le père. « Image de la France » : compromise.

IMAGINAIRE. Moderne pour « imagination ».

IMMATURE. Personnage infantile mais fréquentable. La plupart des hommes sont immatures depuis leur puberté.

IMMETTABLE. 1. vêtement de la saison passée ; 2. ce qu'on voit aux défilés.

IMMIGRÉ. Vient des pays pauvres. Sinon : résident étranger.

IMMOBILIER (L' —). Moderne pour « la pierre ».

IMMONDE. Il est encore fécond, le ventre d'où est sortie la bête immonde.

IMPÉRATIF. Le préférer « catégorique », ça fait kantien.

IMPERTINENCE. Qualité française et, comme telle, à peu près disparue.

IMPLOSION (Au bord de l' —). Moderne pour « au bord de l'explosion ».

IMPONDÉRABLES. On peut se moquer des détails mais il faut tenir compte des impondérables.

IMPOSTURE. Toujours « intellectuelle ».

IMPÔTS. Excessifs et injustes. Il faudrait tout remettre à plat mais qui osera s'y attaquer ?

IMPRESSIONNISTE. Travail peu sérieux. L'impressionnisme n'est bien vu qu'en peinture. (Le surréalisme : qu'en littérature.)

IMPRESSIONNISTES. Ne se plaisaient qu'en plein air et portaient des chapeaux de paille.

IMPRIMÉ. Moins huppé que l'écrit. D'ailleurs, il ne faut pas croire tout ce qui est imprimé.

INCAPACITÉ. Toujours « notoire ».

INCESTE. Mal français. Parler des rapports incestueux des dirigeants d'entreprise ou de l'inceste du pouvoir. C'est à cause des grandes écoles. Inceste père-fille : tout à fait normal quand il est « sublimé ».

INCIVILITÉ. Moderne pour « vandalisme ».

INCOGNITO. Afin que chacun veuille savoir qui on est, dire qu'on est venu incognito.

INCOMPATIBILITÉ. Caractéristique des humeurs et des ordinateurs.

INCONNU. Préciser « illustre ». Les illustres inconnus les plus notoires sont les soldats inconnus et les inconnus au bataillon.

INCONSCIENT. Partie immergée de l'iceberg. Pour excuser ses erreurs, dire qu'elles viennent de l'inconscient, comme les aigreurs, de l'estomac.

INCONTOURNABLE. Moderne pour « un must ».
INDE. Il y a énormément de monde.
INDÉMODABLE. Vieilli pour « intemporel ».
INDIENS (Amérique). Naturellement bons.
INDIENS (Asie). Pas du tout non-violents, en fait.
INDIGNATION. Générale ou sélective. Ou les deux.
INDIGNE. Une qualité chez les vieilles dames.
INDIVIDUALISME. Préciser : « contemporain ».
INDOCHINE. Romanesque pour « Viet-nâm ».
INDUSTRIEUSE PETITE CITÉ. Courtois pour « bled pourri ».
INÉGALITÉS. Elles sont criantes.
INEXORABLE. La fuite du temps.
INEXPLICABLE. Un crime.
INFANTICIDE. Ne se commet que dans le peuple.
INFIRMIÈRES. Leur métier, une vocation. Les infirmières sont parfois des infirmiers, surtout chez les fous.
INFLORESCENCE. Distingué, comme tous les mots en *scence* (sénescence, etc.).
INFORMATIQUE. On ne l'apprend pas, on s'initie.
INGRES. Ne jouait pas que du violon. Sa modernité.
INITIATION. Déplorer la disparition des rites d'initiation dans nos sociétés. Parler avec enthousiasme d'initiation à l'escalade ou à l'ordinateur (voir *Informatique*).
INITIATIVES. On ne sait de quoi il s'agit mais c'est la fierté du patronat. Ce qui gêne « les initiatives » est à combattre.

INITIATRICE. C'est sexuel.

INNÉ. Ne jamais parler de l'inné sans évoquer l'acquis (voir ce mot).

INQUISITION. Toujours fiscale.

INRA (Chercheurs de l' —). Sortes de savants fous qui s'occupent de notre « assiette » (voir ce mot).

INSCRIRE (S' —). Jeune, s'inscrire en fac. Vieux, s'inscrire en faux.

INSECTES. Constituent un « monde ». On n'en connaît pas la moitié.

INSOMNIES. Il faut avoir des insomnies. Dormir comme un bébé témoigne d'un esprit banal.

INSTINCT. Supplée à l'intelligence.

INSTITUTEUR (-trice). Le plus beau métier du monde et qu'on ne ferait pour rien au monde.

INSTRUCTION. Désuet pour « éducation », sauf quand elle est « civique ». Auquel cas elle n'existe plus, ce qui est la source de grands malheurs pour le pays.

INSTRUMENTALISER. Moderne pour « manipuler ».

INSULAIRE. La mentalité insulaire : placée très haut sur l'échelle des mentalités.

INTÉGRISME. Généralement au pluriel. Condamner les intégrismes de tous poils.

INTELLECTUEL. Ajouter « parisien » et tonner contre. Le Parisien est le comble de l'intellectuel et l'intellectuel celui du Parisien.

INTELLIGENCE. Il y en a sous plusieurs états : quand on est aussi bon dans sa partie que ce crétin de X, ou qu'on a un succès aussi durable que cette buse de Y, c'est qu'on est intelligent quelque part.

INTELLOS. Méprisés par les intellectuels.

INTERACTIVITÉ. Moderne pour « rapports humains ».

INTERDITS RELIGIEUX. Quand on y regarde de près, ce sont des mesures d'hygiène et des recettes de cuisine.

INTÉRÊT GÉNÉRAL. De ce nom, il n'y a plus que des travaux. L'autre, qui s'en soucie ?

INTERFACE. L'emploi de ce mot est une garantie de compétence et de technicité.

INTÉRIORISER. Moderne pour « se contenir ».

INTERMÉDIAIRES. Origine des malheurs de la France. S'en passer chaque fois qu'on peut.

INTERNATIONAL. Élégant pour « étranger ». Les étrangers viennent chômer chez nous, tandis que nous, on travaille à l'« international ».

INTERNE (En —). Plus sérieux qu'« à l'intérieur ».

INTERNET. Finalement, c'est une chance pour l'écrit.

INTERROGER (S' —). Exercice matinal : « Je m'interroge tous les matins. » (*Nota* : C'est en général « gravement » qu'on s'interroge.)

INTERVENANTS. Ont remplacé les orateurs.

INTIMISTE. Moderne pour « intime ». Parler de « sujet intimiste ».

INTRIGUE. Au singulier : à un certain moment, si vous êtes romancier, l'intrigue vous échappe (« Je découvre ce que j'écris »). Au pluriel : « florentines ».

INTUITION. Féminine.

INVENTAIRE. Toujours « à la Prévert ».

INVENTEURS. Spoliés ou incompris, surtout les Français.

INVENTION. Depuis que les chercheurs ont remplacé les inventeurs, il n'y a plus que des inventions de journalistes.

INVESTIGATION. Moderne pour « enquête ».

INVESTIR (S' —). Un endroit s'occupe mais un lieu s'investit.

IRANIENS. Comment peut-on être Iranien ?

IRLANDAIS. Passent leur existence à boire et à chanter.

IRRATIONNEL. Dénoncer sa « montée ».

IRRÉDUCTIBLES. Toujours Gaulois.

ISLAMISME. Rien à voir avec l'Islam que, d'ailleurs, on ne connaît pas.

ITALIE. Berceau de la Renaissance. Rome : haut-lieu des intrigues florentines. Milan : industrieuse. Les Milanais sont les Allemands de l'Italie. Sud : incurable. Nulle part, on ne fait des villes comme en Italie.

ITALIENS. Charme et nonchalance des Italiens. Arrivent, avec leur cellulaire, à parler des deux mains d'une seule main. Spécialités italiennes : la comédie, la combine, la mère et les pâtes. Leurs spaghetti ont l'air vivants. Se nourrissent de choses en lamelles. Leur café : un bonbon. Un Italien sans sa mère est un homme perdu. A toujours des costumes impeccables. Regretter le temps où les Italiens parlaient français comme tout le monde.

ITINÉRAIRE. Moderne pour « existence ». Avoir connu un « drôle d'itinéraire » ou un « itinéraire compliqué ».

IVRESSE. Toujours précédée de folle.

IVROGNE. Il n'y a plus d'ivrognes mais des alcooliques.

# J

JACOBINISME. Dénoncer l'État jacobin, qui empêche les « initiatives » (voir ce mot).

JALOUSIE. Quand elle n'est pas morbide, seulement maladive.

JAMAÏQUE. Là-bas, le joint est une religion.

JAMBON. Quand il est « de pays », on ne sait d'où il vient.

JAPONAIS. N'ont rien inventé, copient tout. Entre tradition et modernité. Le Japonais tourne le dos aux monuments : il se fait photographier par un Japonais.

JARDIN SECRET. Turpitudes autorisées. (« Chacun a droit à son jardin secret. »)

JARDINS ANGLAIS. Plus naturels que les jardins à la française.

JAZZ (Amateur de —). Tonner contre le rock.

JEANNE D'ARC. Auberge espagnole. Tout le monde est friand de Jeanne d'Arc et y trouve ce qu'il veut.

JEKYLL (Docteur —). « C'est Docteur Jekyll et Mr Hyde. » (De quelqu'un qui ne boit que le soir.)

JÉSUITES. Gens subtils.

JÉSUS. On sait aujourd'hui qu'il est né avant Jésus-Christ.

JEUNE. L'être dans sa tête est l'essentiel.

JEUNESSE. A besoin de repères.

JEUNE FILLE. Moderne pour « employée de maison ». « Fait partie de la famille » : moderne pour « payée au noir ».

JOHNNY. Comment ne pas l'aimer, notre Johnny ? L'avoir vu passer au moins une fois comme le Tour.

JOURDAIN (Monsieur —). C'est toujours comme lui qu'on fait des choses sans le savoir.

JOURNAL SATIRIQUE. Les hommes politiques ne lisent jamais *Le Canard enchaîné* mais « un journal satirique paraissant le mercredi ».

JOURNALISTE ET ÉCRIVAIN. Journaliste qui a écrit un livre.

JOURNAUX. Ne pouvoir s'en passer mais tonner contre.

JUDÉO-CHRÉTIEN (Vieux fond —). Vos rapports avec les hommes, les femmes, les parents, les enfants, les animaux, les objets, votre rapport à la nourriture, au travail, à l'autorité, votre manière de penser et d'agir, cela vient de votre vieux fond judéo-chrétien (lui aussi qui vous empêche de voler des sucettes).

JUGE. Plus il est petit et plus il est têtu.

JUMEAUX. Faut-il ou non les séparer ?

JUNON. Type de belle-mère ou de secrétaire de direction. Toujours « altière ».

JURÉS. On n'aimerait pas être à leur place.

JURYS LITTÉRAIRES. Dénoncer leurs magouilles. Rêver qu'ils vous distinguent.

JUS. Meuble dans son jus : plus élégant que « garanti d'époque ». En cuisine, le jus meilleur qu'une sauce.

JUSQU'OÙ. Jusqu'où trop loin on peut aller, il faut le savoir exactement.

JUSTICE (La —). Doit passer.

# K

KAFKA (Franz). Avoir, sur l'Administration, des anecdotes kafkaïennes.

KAMIKAZE. « Je ne suis pas un kamikaze » : élégant pour « j'ai l'intention de m'écraser ».

KARMA. Avoir un bon karma.

KATMANDOU. Ne plus aller à Katmandou, ou alors en secret.

KENNEDY (Les —). Frappés d'une malédiction car ils sont beaux et riches. Parler du « clan Kennedy ».

KENYA. Réserve d'animaux sauvages où l'on peut aussi observer des indigènes (voir *Masaïs*).

KILOS. En avoir trois de trop (« on se demande où tu les mets »). Soupirer, devant son assiette, après ses « chers kilos ».

KITSCH. Au second degré, tout ce qu'on aime. Au premier degré, tout ce qu'on déteste.

KIWIS. N'en jamais servir.

KNOW-HOW. Moderne pour « savoir faire ». Parler de know-how est une preuve de compétence.

KO. Toujours précédé de « complètement » quand on est fatigué ou suivi de « debout » quand on est stupéfait.

KOMINTERN. Chic pour « Troisième Internationale ». Parler d'« agents du Komintern » fait Malraux.

# L

LABORATOIRES PHARMACEUTIQUES. Tous des voleurs (voir *Marchands de biens*).

LACAN (Jacques). Avoir été sauvé par Lacan : très élégant. Ou s'être suicidé à cause de lui. Anecdotes sur son tiroir empli de billets de banque.

LÂCHE. Être un peu lâche, comme tous les hommes.

LACUNE. Toujours précédée de « grave ».

LAGUILLER (Arlette). Tout le monde l'aime bien, notre Arlette.

LAGUIOLE. En avoir un dans sa poche et ne s'en jamais servir. L'ayant oublié, s'écrier : « Pour une fois que j'en ai besoin ! »

LAÏCITÉ. Une laïcité doit être « ouverte » ou « bien comprise ».

LAIDEUR. Parler d'une laideur « fascinante ». Laideur chez un homme : rien de si viril ni de plus séduisant.

LAISSE (Se — voir). D'une série à la télévision.

LAIT. Le Français n'en boit plus ; ça lui tourne l'estomac.

LAMBRIS. Toujours dorés dans les palais nationaux.

LANDRU. *Serial killer* particulièrement pittoresque et sympathique.

LANGAGE. Modèle de sujet sérieux. Évoquer d'un air profond « l'acquisition du langage chez l'enfant ».

LANGOUSTE. Démodée par le homard. N'en servir que dans les communions.

LANGUE. « Parler admirablement notre langue » : première qualité d'un étranger. « Maîtriser la langue de Goethe (de Dante, de Shakespeare, de Molière, de Cervantès) » : mieux que d'être bilingue.

LANGUE DE BOIS. Sa plus lancinante maxime : « Cessons de pratiquer la langue de bois. »

LANGUES VIVANTES. Les malheurs de la France viennent de ce qu'on n'en sait pas assez.

LANGUEDOC. Peuplé de Cathares et de radicaux.

LA PALICE. Le seul auteur qu'on se plaît à nommer quand on le pille : chaque fois que, pour changer des idées reçues, on profère une évidence, qu'on se place sous son autorité.

LAPSUS. Toujours « significatif ». Sous le rapport de l'inconscient, c'est comme la partie émergée de l'iceberg. Ne pas dire « ma langue a fourché » mais « j'ai commis un lapsus ».

LARZAC. Peuplé de militaires et de pacifistes (et leurs moutons bêlants).

LAS VEGAS. Sert aux réunions de la mafia.

LASER (Rayon —). Ça peut vous percer n'importe quoi.

LATIN. Le latin : on ne connaît pas le français si on ne sait pas du latin. Le Latin : l'Anglo-Saxon a une mentalité, le Latin un tempérament. Excuse aux choses déshonnêtes : « Ne pas oublier que nous sommes des Latins. »

LAURIER. On en met toujours trop dans les sauces. Au pluriel, ne pas dormir dessus.

LAUTRÉAMONT. Il n'est pas nécessaire de l'avoir lu pour évoquer « Isidore Ducasse, comte de Lautréamont ».

LAVISSE (Ernest). Ne jamais parler de « l'Histoire de Lavisse » sans une nuance de mépris.

LAWRENCE. Ne pas confondre Lady Chatterley avec les Sept Piliers.

LE CORBUSIER. Dire « Corbu ». Hier génial, aujourd'hui criminel.

LECTURE. Moderne pour « mise en scène ». (« Sa lecture de Racine bouleverse nos habitudes. »)

LÉGISLATEUR. Au contraire des gens qui font les lois, le législateur inspire le respect. (« Le législateur, dans sa sagesse », etc.)

LÉGUMES. N'ont plus aucun goût. On n'en mange pas assez.

LÉMAN. « Sur les bords du Léman » : recherché pour « à Genève ».

LÉNINE. L'appeler « Ivan Ilitch ». L'opposer à Staline. Hier, dernier rempart du Bien. Aujourd'hui, premier agent du Mal.

LENTILLES. On peut critiquer les aliments ; les lentilles, jamais.

LÉONARD DE VINCI. A tout inventé. Son étonnante modernité.

LESSIVES. Se valent toutes. Ricaner des ménagères dans la publicité des lessives.

LETTRÉ. Toujours « fin ». Le Chinois, jamais cultivé mais « lettré ».

LETTRES. Déplorer qu'on ne s'écrive plus, comme s'il ne dépendait pas de soi d'y remédier.

LEVAIN. La levure : triviale ; le levain : poétique.

LEWIS (Jerry). Ses pitreries ne font rire que les intellectuels français.

LIAISONS. Au pluriel, toujours dangereuses.

LIBÉRALISME. Tonner contre le libéralisme quand il est « sauvage », c'est-à-dire tout le temps.

LIBÉRATION. Ses « grandes heures » ont succédé aux heures sombres des années noires (voir ces mots).

LIBERTAIRE. Tout le monde l'est un peu sur les bords (voir *Anar*).

LIBERTIN. Ne pas confondre le vieux libertin qui est un vieux cochon et le libertin d'âge mûr qui est un écrivain revenu du marxisme et branché XVIII^e^.

LIBIDO. « Travaille » les gens.

LIBRAIRES. Le petit libraire, héros de notre temps. Acheter à la FNAC et s'en vouloir.

LIEN SOCIAL. Tout ce qui « crée du lien social » est bon à prendre. Plaidoyers pour l'ouverture de bistrots.

LIFTING. Raté : se voit. Réussi : se voit aussi.

LIGNE DROITE. Raccourci le moins long entre deux points.

LIMOUSINS. Quand ils ne construisaient point Paris, ils le détruisaient pour édifier des barricades.

LINGE. La présence de « beau linge » témoigne d'un « bon carnet d'adresses ».

LION. Toujours « vieux » si c'est un homme d'État.

LIPIDES. Abominables.

LISIBLE. L'architecture, l'action de la police, les statistiques du chômage, l'enjeu des élections et la politique africaine de la France doivent être lisibles.

LITTÉRAIRES (Études —). Ne servent à rien ; indispensables.

LIVRES. Il y en a trop mais on n'en lit pas assez. Tonner contre les « non-livres » (aujourd'hui, même les journalistes se mêlent d'écrire).

LOCAL. Ce qui est local est toujours bien car il s'agit de la « proximité » et du « terrain ». La démocratie locale : comble de félicité.

LOCATAIRES. Ce sont toujours eux, au contraire des propriétaires, qui font du bruit dans les immeubles.

LOGE. Sent bon à l'heure des repas.

LOGISTIQUE. Moderne pour « matériel ». L'organisation d'une soirée exige une logistique.

LOGO. Moderne pour « symbole ».

LOI DES SÉRIES. Au troisième suicide, qu'on évoque la loi des séries.

LOIRE. Toujours en parler comme un macho d'une femme (traîtresse, indolente, sauvage, capricieuse, etc.).

LOIS. Tonner contre l'abus des lois : « Trop de lois tuent la loi ! »

LONDRES. Au contraire de ce qui se passe dans la vieille Angleterre, on y donne dans l'avant-garde tous les dix ans.

LORRAINE. Parent pauvre de l'Alsace : ici des usines, là des villages. A un bassin au lieu d'une plaine. Les Lorrains sont d'un calme extraordinaire sauf quand ils se mettent en colère.

LOS ANGELES. Dire « Ella ».

LOTO. Gagnants du Loto : connaissent un destin tragique ; obligés de se cacher, ils finissent par se pendre. Perdants au Loto : ne savent pas leur bonheur.

LOUIS XI. Tortueux, avec des jambes tordues. L'universelle araigne. Ses médailles.

LOUIS XIV. Son appétit féroce. Avait partout des bâtards. Rêvait d'une France carrée comme un pré. Ses courtisans : noblesse changée en basse-cour. Baissaient les yeux devant lui (le soleil éblouit). S'occuper de son pot de chambre était un privilège.

LOUIS XV. Le Bien-aimé. Tout le monde le détestait.

LOUIS XVI. En savait plus long sur les serrures que sur les femmes. A payé pour les autres.

LOUIS-PHILIPPE. Sujet de moquerie. Ressemblait à une poire.

LOUISIANE. Les criminels y finissent noyés dans les marais (d'où monte bizarrement de la fumée). Là-bas, des gens parlent un français qu'on n'arrive plus à comprendre.

LOUP. Devenu très populaire. Il égorge les moutons ? Et après ?

LOURDES. On peut y guérir par suggestion.

LUBÉRON. Vu d'avion, une rizière, avec toutes ces piscines. Acheter une maison dans le Lubéron autorise à se plaindre de ses voisins mondains. Heureusement, il y a les gens du village !

LUBITSCH (Ernst). À son nom, évoquer la « Lubitsch touch ».

LUDIQUE. Mieux qu'amusant : des *côtés* amusants mais une *dimension* ludique.

LULLI. La musique de Lulli vous informe que vous êtes en train de dîner dans un Relais et Châteaux (voir *Couperin*).

LUMIÈRES. Ne pas dire « le siècle des Lumières » mais « les Lumières ».

LUNE (Pleine —). C'est pourquoi on a si mal dormi. Cause également qu'on se transforme en loup-garou. Incite à l'érotisme.

LUNETTES. Indispensables aux institutrices revêches et aux secrétaires sexy.

LUTTEUR. Toujours « vieux » quand c'est d'un politicien qu'il est question (voir *Lion*).

LUXE. N'est plus scandaleux depuis que c'est une industrie. Quand on a tout, aspirer au « vrai luxe » : tantôt l'espace, tantôt le temps.

LYCÉE. Tonner contre le classement des lycées qui ne veut rien dire et faire des bassesses pour accéder aux bons lycées.

LYON. Parler des « fines gueules de la capitale des Gaules ». Les bourgeois lyonnais sont tous présidents de quelque chose et possèdent des secrets. Ne mangent que des abats, c'est leur côté canaille. Tous catholiques.

# M

MACDO. Le plus couru des endroits où l'on n'irait pour rien au monde.

MÂCHER. Lentement.

MACHINE À PERDRE. Qu'une élection approche, « la droite la plus bête du monde » la met en route.

MACHO. C'est toujours mieux que phallocrate, parce que ça fait latin.

MADELEINE. Voyant un bol d'Ovomaltine (ou devant quelque chose qu'il est plus courant de servir dans un dîner), qu'on s'écrie, l'œil embué : « C'est ma petite madeleine à moi ! »

MADRID. Les Madrilènes ne dorment jamais.

MAESTRO. Autre pour « Fellini » (voir ce nom).

MAFIA. Toute grosse somme en liquide : l'argent de la mafia. Parler des « hommes d'honneur » et de Cosa Nostra donne l'air au courant. Des détails sur la Camorra napolitaine donne l'air très au courant. Quelques précisions sur la Santa Corona Unita de Bari, et l'on commence à vous regarder comme un boss. Mafia des grandes écoles : rien à voir avec l'autre.

MAGAZINE. Y avoir été abonné autrefois et aujourd'hui le regarder de temps en temps.

MAGHREB. Dire : « pays du Maghreb » (intello). Ne pas dire : « Maghrébins » (beauf).

MAGIE. N'agit pas mais « opère ».

MAGNÉTISME. « Étrange » ou « animal ».

MAGRITTE. Prétendre que « ceci n'est pas une pipe » n'est amusant qu'en montrant une pipe, non un cigare.

MAHLER (Gustav). Savoir ses « amours tumultueuses » dispense d'avoir la moindre idée de sa musique. Saluer cependant sa modernité hors du commun.

MAI. Ah, Mai, tous ces ponts !

MAI 68. Ce qui va mal en France est à cause de soixante-huit et ce qui va bien aussi. Anciens de Mai : tiennent les rouages de l'État. Redouter un nouveau Mai. Espérer un nouveau Mai. Deviner un Mai rampant. Déceler un Mai larvé. Bref, le printemps sera chaud. Ou l'automne. Observer que les Français, au contraire des Russes, ont toujours fait la révolution par beau temps. (Voir *Événements.*)

MAÏEUTIQUE. Plutôt qu'une conversation sérieuse, qu'on ait une démarche maïeutique. Vous socratise.

MAILLE. Couture pour « tricot ».

MAILLOL. Les femmes de Maillol. Éveillent, avec celles de Rubens, des pensées lubriques.

MAILLOT. Plus il est mini, plus il coûte la peau des fesses.

MAIRE. Le meilleur de l'« élu ».

MAÏS. Il paraît que ça se mange.

MAISON I. Les femmes ne retourneront pas à la maison.

MAISON II. C'est toujours meilleur quand c'est maison.

MAISON DE FAMILLE. Posséder une maison qui est dans la famille depuis trois générations ou, sinon, se la procurer.

MAJORITÉ. Écrasante : aussitôt menacée. Savoir « gérer la victoire ». Appeler de ses vœux une « majorité d'idées ».

MAL I. Ne croire ni à Dieu ni à Diable mais ressentir la présence du Mal en ce monde.

MAL II. D'un mal sort un bien, très souvent.

MAL DE DOS. Mal du siècle.

MAL FRANÇAIS. Tout ce qui est « bien français ».

MALADE. Pour remonter le moral d'un malade, rire de son affection et nier ses souffrances.

MALADIE (Longue —). Vieilli : on l'a identifiée, il s'agirait du cancer.

MALAISE. « Existentiel », ou alors celui des cadres ou des enseignants.

MALAISIE. Nation de pirates sanguinaires. Le kriss malais : rien que le mot fait peur, c'est comme si l'on vous enfonçait un tire-bouchon.

MALÉDICTION. Venait des Pharaons ou des Templiers, avant d'aller s'abattre sur les Kennedy.

MAL-ÊTRE. « Ressentir un mal-être » : élégant pour « se faire du souci sans raison ». État naturel des générations (voir ce mot).

MALEVITCH (Kazimir). Avoir vu son *Carré blanc sur fond blanc* et dire que le concept est plus beau que le tableau.

MALIENS. Le nom que prennent les Blacks chaque fois qu'on les expulse.

MALLARMÉ (Stéphane). Il était professeur d'anglais ! Citer de lui « un coup de dés jamais n'abolira le hasard » et « la fleur absente de tout bouquet ». Sa captivante modernité.

MALRAUX (André). Auteur d'une maxime selon quoi le vingt et unième siècle sera religieux ou ne sera pas. À moins que ce ne soit « spirituel » et qu'il ne s'agît du « troisième millénaire ». Par ailleurs, écrivain.

MALT. Le pur malt ne suffit plus, exiger du *single.*

MAMELOUK. Toujours précédé de « fidèle » quand c'est Roustan, et c'est Roustan forcément.

MAMMA. Toujours précédée de « vraie ». La mère juive des catholiques. D'une mondaine, dire que, chez elle, « c'est une vraie mamma ».

MANAGER. Entraîneur. Désuet pour « coach ».
MANCHETTE (Effet de —). A survécu à la manchette.
MANDELA (Nelson). Le plus vieux libéré du monde.
MÂNES. Celles de Jaurès. Évoquer le souvenir d'un tas de gens mais « invoquer les mânes de Jaurès ».
MANGER. On mange trop vite.
MANIA. Suffixe des engouements, comme *gate*, celui des scandales.
MANIACO-DÉPRESSIF (Légèrement —). Moderne pour « cafardeux ».
MANIÉRISME. Parler de « cinéma maniériste ». On ne sait pas ce que c'est mais l'expression vous pose. (Les cinéastes maniéristes s'appellent des « petits maîtres ».)
MANIF. Plaisanterie habituelle : « deux cent mille manifestants d'après les organisateurs, vingt mille selon la police ».
MANIPULATIONS GÉNÉTIQUES. Tonner contre mais penser le plus grand bien des « biotechnologies » et des « sciences de la vie ».
MANNE. Ajouter qu'elle est « providentielle », par goût du pléonasme.
MANQUE. Toujours « affectif » quand il ne s'agit pas de drogue ni d'argent.
MANSARDE. Romanesque pour « chambre de bonne ».
MANUSCRIT. Oui, il arrive qu'un manuscrit envoyé par la Poste soit lu, qu'il soit publié, qu'il reçoive le Goncourt.

MAQUETTE. Celle d'un journal doit être toujours « plus aérée ».

MARAT (Jean-Paul). Passa sa vie dans une baignoire à écrire et se gratter. Euthanasié par Charlotte Corday.

MARATHON. Sport de foule. L'essentiel est de participer. Il y a toujours un octogénaire, un nain, un handicapé, ça vous réchauffe le cœur.

MARCHANDS DE BIENS. Tous des voleurs (voir *Professionnels du tourisme*).

MARCHE. On ne marche pas assez.

MARCHÉ I. Réputé chez les candidats pour ses mains à serrer. Tout est meilleur sur les marchés.

MARCHÉ II. Nerveux, déprimé, craintif, affolé, tendu, etc. Émotif mais ne fait pas de sentiments.

MARGE DE MANŒUVRE. Toujours étroite.

MARGINAUX. Avoir pitié des exclus et peur des marginaux.

MARGOT. Ne sait que pleurer.

MARIAGE. « Faire un vrai mariage » : moderne pour « se marier ». Prépare mieux aux séparations qu'autrefois puisque le retour du mariage est salué à mesure que progresse le divorce.

MARIAGE (Grand —). Comment ? Ils se marient à l'église ? *Eux ?* — Que veux-tu, c'est un *grand mariage.*

MARIANNE. N'est plus qu'un buste, comme Victoire n'est plus qu'un corps (celle de Samothrace).

MARIE-ANTOINETTE. Crâne de piaf. Adorait les brioches et les moutons.

MARINS. Les Français ne sont pas des marins mais ils font beaucoup de voile.

MARSEILLAISE. Découvrir ses paroles avec une stupeur mêlée d'effroi.

MARSOUINS. Au contraire des dauphins, tout le monde s'en fiche.

MARTINI. N'a rien à voir avec le Martini comme dans les films, où l'on met une olive.

MARTYRS. Tous les premiers chrétiens l'ont été.

MARX (Karl). Marx est mort mais n'a pas dit que des bêtises.

MARX (Groucho). Être marxiste tendance Groucho. Citer de lui : « Je n'aimerais pas faire partie d'un club qui m'accepterait pour membre » — « Parti de rien, je suis arrivé à la misère » — « Avant j'avalais n'importe quoi, maintenant je ne mange plus que de la nourriture ».

MASAÏS. Ils sont tous nobles et fiers, mesurent deux mètres et se nourrissent de sang frais.

MASQUE DE FER (L'homme au —). N'est pas celui qui s'habillait en femme.

MASO (Être un peu —). Moderne pour « aimer sans espoir ».

MATA HARI. À cause de qui toutes les espionnes sont des courtisanes, quand tous les espions sortent de Cambridge.

MATCH. Fallait-il arrêter le match après cette tragédie ?

MATELAS. Plus il est dur, plus il est hygiénique.

MATÉRIALISTE. Quand on ne l'est point par philosophie, on l'est « bassement ».

MATHS. Dénoncer leur tyrannie.

MATURITÉ. Toujours épanouie.

MAUPASSANT (Guy de). Scène à la Maupassant : sous les pommiers en Normandie.

MAURIAC (François). Atmosphère mauriacienne : odeurs de résine et d'encaustique.

MAUVAISES NOUVELLES. Il suffit d'ouvrir la radio et vous n'entendez parler que de catastrophes.

MÉANDRES. L'entreprise a un organigramme, l'Administration des méandres.

MÉCÈNE (Avoir un —). Moderne pour « se faire entretenir ».

MÉCHOUI. Réunion d'extrême droite (on organise des méchouis pour réclamer le départ des inventeurs du méchoui).

MÉDAILLE. Comme de la partie immergée chez l'iceberg, on n'a souci que de son revers.

MÉDECINS. Leur écriture s'est améliorée mais ils continuent de vous faire attendre exprès. De mèche avec des laboratoires. Mon grand'père n'en voyait jamais et achetait ses lunettes sur les marchés. Trop de médecins : se reconvertissent dans l'humanitaire ou l'invention de régimes enfin raisonnables ou surprenants.

MÉDIAS. Une bien petite chose à côté du multimédia. Ce qui agite les médias est toujours frivole et mensonger. Cependant, il en faut.

MÉDIATEUR. Sage par définition. S'en remettre à lui, ça soulage.

MÉDICAMENTS. En prendre beaucoup trop.

MÉDICIS (Les —). Évoquent aussitôt la « splendeur ».

MÉDITERRANÉE. Unit comme l'Océan sépare.

MEILLEUR (Le — d'entre nous). Manque de chance, c'est celui qui est mort.

MÉLANCOLIE. Quand elle n'est pas engendrée, c'est la gaieté la plus totale (« ce spectacle n'engendre pas la mélancolie »).

MÉLODRAME. Toujours « flamboyant » au cinéma.

MÉMOIRE. Le devoir de mémoire. Les Français ont la mémoire courte. Faire un travail de mémoire. Un peuple sans mémoire n'a pas d'avenir. En résumé, on ne rigole pas avec la mémoire, au contraire de ce qui se passe avec les souvenirs. « Avoir une mémoire sélective » : moderne pour « se donner le beau rôle ».

MENACES. Les mers, les déserts, les forêts et les enfants grandissent, le reste est dévoré par les termites.

MÉNAGÈRE. N'existe que dans la tête des publicitaires, à en croire les ménagères qui ont des femmes de ménage.

MÉNOPAUSE. Un nouveau départ et un souci en moins.

MENSONGES. Quand ils sont nombreux, forment un « tissu » peu apprécié.

MENTAL (Le —). Moderne pour « activité cérébrale ne faisant pas appel aux capacités intellectuelles ».

MENTALITÉS. Toujours au pluriel et toujours « dépassées ». Nécessité de les voir évoluer (ce qu'elles ne font, hélas ! que très lentement).

MENTIR. Adorer mentir ; c'est poétique. Dire qu'on « ment tout le temps » (mais personne ne vous croit).

MÉPRIS. Souverain.

MÉPRISE. Toujours précédée de « tragique », quand on s'est trompé dans les doses.

MER. Pour le navigateur : « exigeante maîtresse ». Pour le baigneur : « bonne une fois qu'on est dedans » (voir *Eau*).

MERCIÈRE. Déplorer qu'on ne trouve plus de mercière (en option : quincailler, horloger, tripier, grainetier, *bon* boulanger).

MERCREDI. Le jour où un écolier quitte ses travaux pour ses activités (voir ce mot).

MÈRE. Ne pas être une bonne mère mais une vraie mamma (voir ce mot).

MÈRE COURAGE. Moderne pour « mère de famille ».

MÉRIDIONAUX. Plus ouverts que les Provençaux.

MÉRITE. Fait toujours songer à l'« école de la République ».

MERMOZ. Le Rimbaud de l'Aéropostale. Genre de coiffure.

MESSAGERIES. Forcément roses.

MESURE. Nous sommes au pays de la mesure.

MESURES. Toujours « concrètes », comme s'il pouvait y en avoir de théoriques. *Politique* : assurer qu'on prendra les mesures « appropriées » (sans dire lesquelles) le « moment venu » (sans dire quand).

MÉTABOLISME. Quand on ne comprend rien à la nutrition, dire que votre poids, c'est affaire de métabolisme.

MÉTAPHORE. Ne s'énonce pas ; se file ou se manie.

MÉTAPHYSIQUE. Source d'« angoisse » et cause de « vertige ». D'un roman policier : « Ce n'est pas qu'une intrigue, il y a une dimension métaphysique aux personnages. »

MÉTEMPSYCHOSE. Reprenant du fromage, révéler qu'on était une souris dans une autre existence.

MÉTÉO. Moderne pour « le temps qu'il fait » : « La météo ne s'arrange pas. »

MÉTÉORITE. Au contraire du sympathique météore, le météorite est très dangereux.

MÉTHODOLOGIE. Moderne pour « méthode ».

MÉTIER. Sanctifié par le retour en grâce des artisans. Les groupes industriels ne se consacrent plus à leurs activités, ils se recentrent sur leurs métiers. Très *artiste* : avoir « fait tous les métiers », c'est-à-dire pas un seul vrai métier.

MÉTISSAGE. Dire ce mot de temps en temps comme, hier, « mixité ».

MÉTRO. « On se croirait dans le métro à six heures du soir » : réception où il y a des gens qui ne prennent jamais le métro et se couchent à six heures du matin.

MÉTRO (Prix d'un ticket de —). *Politique* : le connaître fait de vous l'ami du peuple. (Savoir également, par précaution, que les gens qui prennent le métro n'achètent pas un ticket mais une carte ou un carnet.)

METTRE (Se —). On ne « se met » qu'en cuisine ou au lit.

MEXIQUE. Au Mexique, la mort est une fête (c'est la vie qui n'est pas une rigolade).

MICHELIN. On n'a jamais vu le visage d'un inspecteur du Michelin. Sa femme elle-même, quand il sort le soir, ignore ce qu'il fait.

MICKEY. Toujours souriant, comme l'Ange de Reims et la Joconde.

MICRO-CLIMATS. Sauvent la Bretagne.

MICROCOSME. Équivalent, à Paris, des notables dans les bourgs. Composé de gens qui s'en tiennent à l'écart.

MICRO-ONDES. La télévision quand elle nous sert du réchauffé. Histoires terribles de chats qu'on a mis à sécher au micro-ondes (voir *Gaz*). Il n'est en rien prouvé qu'il donne le cancer.

MICRO-ORGANISMES. Plus sérieux que les microbes.

MIDI. Ne pas le chercher à quatorze heures mais le voir à sa porte.

MIDI (Le —). Désuet pour « le Sud ».

MIGRAINE. Excuse au lit mais seulement pour les femmes (les hommes ont eu une journée chargée). Vieilli.

MIGRATEUR. Super-oiseau. Le tuer avant qu'il ne se reproduise, afin de respecter les traditions locales.

MIGRATOIRE. Toujours précédé de « phénomène ».

MILAN. Capitale du design.

MILICES. Toujours « armées ».

MILIEU. « Petit milieu » : vieilli pour « microcosme ». « Tout petit milieu » : se dit avec mépris. « Influence du milieu » : ne doit pas être sous-estimé. Milieux « aisés », « défavorisés », « modestes », jamais « moyens ».

MILITANT. Militer pour ce qui en vaut la peine et n'avoir jamais adhéré à quoi que ce soit.

MILLÉNAIRE (Troisième —). Nom que prend le vingt et unième siècle lorsqu'il s'agit d'évoquer avec une certaine hauteur de vue les défis qu'il pose au genre humain.

MILLE NEUF CENT. À la différence de 1899 qui est une date et de 1901 qui est une loi, 1900 est une époque.

MILO (Vénus de —). Célèbre surtout pour ses non-bras.

MIMÉTISME. Toujours précédé d'« étrange ».

MINCIR. Attention, mincir n'est pas maigrir. Suez tout ce que vous voulez, vous ne perdez que de l'eau.

MINÉRAUX (Sels —). En manquer.

MINEURS. Dans le genre aristocratie ouvrière devant quoi le bourgeois s'incline, le mineur de charbon est le roi du pétrole. Gueules noires. Silicose. Coup de grisou. Regretter cependant qu'il disparaisse. Confondre terrils et corons.

MINIMALISTE. Compliqué pour « simple » : « Un décor minimaliste. »

MINISTRE. Les ministres passent, les problèmes restent.

MINUIT. Limite du bonheur et des plaisirs honnêtes ; tout ce qu'on fait au-delà est immoral.

MINUTE. On ne se doute pas de combien c'est long, une minute.

MIROIR (De l'autre côté du —). Poétique. Il est bon de traverser le miroir de temps en temps.

MISANTHROPE. Toujours « vieux ». Bien vu en société, où il se fait beaucoup d'amis.

MIS EN EXAMEN. Ne veut pas dire admissible.

MISE EN SCÈNE. Très prisée dans les milieux du crime sous le nom de « macabre mise en scène ».

MISÈRE. Parler de « la misère *réelle* de ces gens » (comme s'ils pouvaient mentir). Qui est dans la misère n'est pas un miséreux mais un exclu. Toujours précédée de « grande » quand il s'agit des hôpitaux, des tribunaux, des commissariats, des facultés et des institutions en général. (« La grande misère de l'Assistance publique. »)

MISSI DOMINICI. Envoyer un *missi dominici*, même s'ils allaient toujours par deux.

MISSIONNAIRE. Critiquer son attitude et railler sa position.

MISTRAL. Doit toujours souffler dans la cour du palais des Papes (qu'on appellera la Cour), à l'ouverture du festival d'Avignon.

MITTERRAND (François). Un personnage de roman.

MOBILIER NATIONAL. « Johnny » en fait partie.

MODE. Utile à vendre des parfums. Cette année, immettable. Les défilés ne servent qu'à montrer les top models de la saison. Citer Cocteau : « La mode meurt jeune. C'est ce qui fait sa légèreté si grave. »

MODÈLE. La jeunesse n'en a plus mais la France, oui (successivement suédois, allemand, américain, anglais).

MODÉRATEUR. C'est toujours un élément ou un ticket.

MODERNISATION. Nécessaire à cause des « pesanteurs » de la société française et, pour la même raison, impossible.

MODERNE (Le —). Remplacé par la modernité.

MODERNITÉ. 1. moderne pour « moderne » ; 2. principale qualité des anciens (« la modernité de Piero della Francesca ») ; 3. essentielle obsession des post-modernes (« se décider à entrer dans la modernité »).

MODESTE (Milieu —). Les personnes d'un milieu modeste plus généreuses que les riches.

MODIGLIANI. Peignait toujours la même chose et buvait n'importe quoi.

MOELLE (Os à —). La cerise sur le gâteau du pot-au-feu. Faire des bassesses pour en trouver.

MŒURS. La loi, toujours en retard sur les mœurs qui pourtant évoluent à pas comptés.

MOI. Partie émergée de l'iceberg. N'intéresse personne. Avoir plutôt un surmoi tyrannique ou l'inconscient à fleur de peau.

MOI JE. Il est fini, le temps du moi je.

MOINES. Plus intéressants que les curés.

MOISSON. Toujours « ample ».

MOLÉCULE. Chic pour « médicament ».

MOLIÈRE. Se rappeler qu'il était cocu ; on ne sait plus trop pourquoi mais c'est important. Soutenir qu'il mourut en scène, même si c'est faux.

MOMENT. *Politique.* « Le moment venu » : quand les conditions seront réunies (on ignore lesquelles). *Cuisine.* Les légumes doivent être ceux du moment (de la saison) et cuits au moment (à la commande).

MONARCHIE. La France, dernière monarchie du Continent.

MONDAIN. Toute personne courant les soirées de promotion pour des marques de whisky. « Incurable mondain » : vu dans les soirées où l'on va.

MONDE. Non seulement il a changé mais il est en pleine transformation.

*MONDE* (Lecteur du —). Sorte de diplôme qui vous donne le droit d'« écrire au *Monde* ».

MONDES. S'exclamer, outré : « Mais c'est le meilleur des mondes ! » Variantes : « On se croirait dans Orwell ! » ; « Big Brother est parmi nous ! » (Inutile d'avoir lu *1984*.)

MONDIALISATION. Stade suprême de l'internationalisation, après généralisation de la globalisation. Tandis que l'universel est une spécialité française, la mondialisation nous vient de l'étranger.

MONDRIAN. Parler d'une « pureté mondrianesque » ; cela change de la « simplicité d'une épure ».

MONGOLS. Ont le cheval et le camping sauvage dans le sang depuis les invasions. Il y en a cependant qui vivent dans des maisons.

MONNAIE. Pas de pays fort sans monnaie forte.

MONNET (Jean). Ne jamais parler de lui sans préciser qu'il est « le père de l'Europe ».

MONOPOLE. Tonner contre.

MONSTRE DU LOCH NESS. Serpent de mer.

MONSTRES FROIDS. 1. Bruxelles ; 2. l'État. Ignorent les vraies gens.

MONTAGE. Financier, il est « complexe ».

MONTAGNE. Quand elle fait des morts, « on lui paye un lourd tribut ».

MONTAGNARDS. Tuaient par excès de vertu.

MONTAIGNE (Michel Eyquem de). On ne lit pas Montaigne, on « relit son cher Montaigne ». Avait installé sa librairie dans une tour d'ivoire. Citer La Boétie : « Parce que c'était lui, parce que c'était moi. » (N'est pas une chanson de Claude François.)

MONTÉE DES PÉRILS. L'avant-guerre après-coup. Rares, sur le moment, ceux qui dénoncent la « montée des périls ».

MONTFORT (Simon de —). Modèle de la brute nordique.

MONTMARTRE. C'est toujours un village.

MONTRE. Ne pas avoir de montre, signe qu'on est poète.

MONT-SAINT-MICHEL. D'une foule : « C'est le 15 août au Mont-Saint-Michel ! » (Voir *Métro*.)

MONTSÉGUR. Le bûcher de Montségur ne s'évoque pas sans frisson.

MONUMENTS. Surtout législatifs. Les monuments construits s'appellent des « grands travaux ».

MOQUETTE. Refuge des acariens. Tonner contre.

MORALE. Il faut définir une morale de l'action.

MORSES. N'en parler jamais : il n'y en a que pour les phoques.

MORT. Accompagner la mort : moderne pour « s'occuper d'un mourant ».

MORUE FRAÎCHE. C'est du cabillaud mais c'est meilleur.

MOSCOU. Aujourd'hui, c'est Chicago.

MOTARDS. Toujours en colère.

MOTEUR. S'interroger sur le moteur de l'Histoire.

MOTIVATIONS. Moderne pour « désirs personnels ».

MOTS. Aimer les mots.

MOTS CROISÉS. Il me manque deux lettres.

MOUCHOIR. Ceux qu'on a connus étaient à carreaux.

MOULIN. Ne servir du poivre qu'en provenance directe du moulin.

MOURIR. Une façon de rester jeune. (« Il est mort à soixante ans ? C'est bien jeune. »)

MOURIR (À — de rire). Amusant.

MOUSQUETAIRES. Tout rassemblement d'au moins trois personnes réussissant dans leur partie.

MOUSSE AU CHOCOLAT. Dessert de grand'mère préparé par les mamans.

MOUTON. Adorer le mouton ; ne manger que de l'agneau.

MOUTON NOIR. Pour ménager une « brebis galeuse » (voir ces mots).

MOUVANCE. Le plus souvent « terroriste ». (En ce cas, partie d'une « nébuleuse ».)

MOUVEMENTS DE CAPITAUX. Toujours erratiques.

MOYEN ÂGE. Connaissons-nous un nouveau Moyen Âge ou vivons-nous une nouvelle Renaissance ?

MOYENÂGEUX. Le mauvais côté du Moyen Âge. L'art est médiéval mais le supplice, moyenâgeux. S'emploie pour dénoncer les patrons rétrogrades.

MOYENS. Il faut se les donner.

MOZART ENFANT. Très populaire, avec Gibert Jeune.

MUGUET. Hors de prix cette année. Querelle du muguet des bois (le vrai) et du muguet des villes (qui présente bien).

MULTI. Il vaut mieux être *multi* (cartes, confessionnel, coque, dimensionnel, disciplinaire, fonctions, latéral, médias, national, racial ou salles) qu'*uni* quelque chose. Multirécidiviste, c'est moins sûr.

MUNICH. Économique, social, humanitaire, culturel, jamais diplomatique (parler, en ce cas, d'un « Diên Biên Phu »).

MÛR. « Pas mûrs pour la démocratie » : n'ont jamais connu la démocratie. (Comme s'il fallait être démocrate pour devenir démocrate.)

MURÈNE. Poisson romain qu'on voit dans les péplums.

MUSCLES. Trop de muscles, ça n'est pas beau.

MUSÉE. Toujours unique en son genre.

MUSIQUE. Celle qu'on aime est le bruit des autres.

MUSIQUE CLASSIQUE. Quand une radio diffuse « un programme de musique classique », c'est qu'il y a eu un coup d'État.

MUSSOLINI. Le seul tyran qui nous ait laissé un profil (dit « mussolinien »).

MUSULMAN. Toujours modéré, comparé à l'islamiste.

MUTANT. Nos enfants sont des mutants.

MUTATION. On y est en plein.

MYSTIQUES. Les grands mystiques ont eu des jeunesses dissolues. Mysticisme : très apprécié des athées. Chez la femme, le mysticisme a des implications sexuelles évidentes.

MYTHES. Quand ils sont modernes, tonner contre.

MYTHOMANE. Gentil pour « menteur ».

# N

NAIN. Souvent précédé de « petit » (c'est comme si l'on parlait de grands géants). Il n'y aura plus de discrimination à l'égard des personnes de petite taille quand elles pourront tenir des rôles de grands dans les films.

NAIN DE JARDIN. Se moquer cruellement des nains de jardin : preuve d'un esprit supérieur. Les aimer tendrement : la même chose.

NAISSANCE. Pessimiste : « Tout se joue avant la naissance. » Optimiste : « Tout se joue avant trois ans. »

NAPOLÉON Ier. Débuta en chat maigre sous le nom de Bonaparte et finit en petit gros (du Napoléon intermédiaire, on n'a aucune idée). Ne dormait jamais. Ses ennemis devaient toujours se mettre à plusieurs pour lui tomber dessus.

NAPOLÉON III. Faisait des fautes en dictée.

NARCISSISME. Normal chez un artiste.

NATION (État —). L'État-nation est dépassé.

NATURE. Divinité moderne. Quand elle est méchante, c'est qu'elle se venge.

NATURISTE. Il n'y a pas plus pudique sur la face de la Terre qu'un vrai naturiste.

NAVIGATEUR. Toujours hardi.

NÉFERTITI. Prototype de Cléopâtre.

NÈGRE. Plutôt que l'auteur qui a signé, connaître le nègre qui a écrit.

NEIGE. Le voyageur, toujours « surpris » par la neige.

NERVEUX. Se dit chaque fois qu'on ne comprend rien à une maladie ; cette explication satisfait l'auditeur...

NEUILLY. Moderne pour Neuilly-sur-Seine : Neuilly-sur-Marne, tout le monde s'en fiche.

NEURONES. S'effrayer de ce qu'il en éclate des milliers tous les jours.

NÉVROSÉ. Chacun doit l'être un peu. Sinon vous n'êtes pas normal. Avoir au minimum un comportement névrotique dans certaines occasions.

NEWS. Au contraire des télévisions, des radios et des journaux, les *news* ne donnent pas les nouvelles.

NEW YORK. C'est quand même autre chose que l'Amérique.

NICE. Ville de vieux. Évoquant la politique locale, parler de « salade niçoise ».

NIET. Un non catégorique.

NIETZSCHÉEN (Être —). Ancien pour « ne pas être politiquement correct », moderne pour « défendre l'indéfendable », chez un écrivain à la mode.

NIVEAU. Il baisse.

NIVELLEMENT. Toujours « par le bas », on s'en doute.

NOBEL. Signe des pétitions et lance des mises en garde.

NOBLESSE. La mépriser — et l'envier.

NOËL. C'est une fête devenue purement commerciale qu'on préfère célébrer en famille. Des enfants, dire : « Eh bien, ils sont gâtés ! »

NŒUD PAPILLON. Une secte. On porte des cravates ; du nœud papillon, on est *adepte*. Souvent, ce sont des architectes (la cravate gêne pour le dessin), des médecins (elle traînerait dans les plaies), des francs-maçons.

NOIRE (Petite robe —). Égalise les conditions, comme le smoking ou le tablier. En changer une fois l'an.

NOIR ET BLANC. La photo d'art, toujours en noir et blanc.

NOIR OU BLANC. Rien n'est tout noir ou tout blanc.

NOMS DE RUE. Tonner contre le nom des rues à Paris : où sont les artistes et les poètes ? Banlieue : toutes les rues Pierre-Brossolette donnent sur des avenues Gabriel-Péri. Province : tous les boulevards, c'est Thiers ou Gambetta.

NON-CONFORMISTES. Acceptent d'entrer à l'Académie ou de recevoir des décorations en dépit du qu'en-dira-t-on.

NON-SENS. Poli pour « absurdité ».

NORD. Les gens du Nord, plus ouverts et chaleureux que les gens du Midi. Le soleil est dans leur cœur. D'un côté, le peuple fier de ses traditions, de l'autre, des filateurs de père en fils. Le Nord a « un problème d'image ». Être issu d'une famille de mineurs car cela donne du prestige dans les salons.

NORMALEMENT. Courtois pour « avec beaucoup de chance » : « Normalement, vous serez livré avant la fin du mois. »

NORMALES SAISONNIÈRES. N'existent pas : on est toujours au-dessus ou en dessous. Ne se déclinent qu'au pluriel.

NORMANDS. Difficile de croire qu'ils descendent des Vikings. Un Normand, le contraire d'un Breton. L'un souple, l'autre têtu. A-t-on jamais entendu parler d'un pêcheur normand ? Le bocage normand est secret, la prairie normande est grasse, le chemin normand est creux. Il n'y a de « fermette » qu'en Normandie, où les fermes ont fait des petits.

NORMES. Celles qui viennent de « Bruxelles », intolérables.

NOSTALGIE. Ne lui accorder qu'une minute, comme au silence.

NOSTRADAMUS. A prévu des événements extrêmement graves pour l'an prochain.

NOTABLE. Est à la province ce que la « personnalité » est à Paris. A dépassé la cinquantaine. Vous obtient des passe-droits. Les notables n'ont pas de femmes mais des épouses, et adorent l'andouillette.

NOTAIRES. Connaissent de lourds secrets dans la paysannerie.

NOTICE. Mal traduite du japonais. N'y rien comprendre.

NOTOIRE. Ne sont notoires que les vices : « C'est un drogué notoire. »

NOUILLES. À la différence des pâtes, elles sont trop cuites.

NOURRITURE. Ce qu'on donne aux soldats, aux prisonniers, aux animaux. (Les autres ont droit à manger de la cuisine.)

NOUVEAUTÉ. Exerce un « attrait ».

NOUVEL HOMME. Il doit trouver ses marques.

NOUVELLE-ANGLETERRE. Vieille Amérique. Les indigènes de la Nouvelle-Angleterre sont extrêmement snobs et s'habillent pour dîner.

NOUVELLE FEMME. Elle doit trouver ses marques.

NOUVELLE-ORLÉANS. On y danse dans les enterrements.

NOUVELLES I. En avoir toujours une mauvaise et une bonne et demander par quoi commencer.

NOUVELLES II. C'est l'art le plus difficile. En France, on ne sait pas écrire des nouvelles et elles n'intéressent pas les gens.

NUBIE. Réputée pour ses esclaves nubiens.

NUIT. A ses « princes » et ses « reines » qui tiennent des débits de boisson.

NUMIDIE. Réputée pour ses esclaves numides.

NUTRIMENTS. Plus sérieux que les aliments. En général, « essentiels ».

NUTRITIONNISTES. Plus sérieux que les diététiciens mais changent d'avis tous les cinq ans.

# O

OASIS. Toujours de verdure ou de tranquillité (voir *Havre*).

OBÉSITÉ. Maladie des gens pauvres dans les pays riches. L'Américain est obèse, le Français seulement gros.

OBJECTIF. Toujours au pluriel. « Atteindre ses objectifs » : moderne pour « toucher au but ».

OBJECTIVITÉ. N'existe pas.

OBJET. Chose de prix. L'avoir toujours vu dans la famille et ne plus savoir si c'est beau ou laid. Être « amoureux du bel objet » ou, au contraire, que la possession vous « angoisse ».

OBLIGATION. Toujours « ardente » dans les discours mais « pénible » quand on vous y voit. (« Vous me voyez dans la pénible obligation de », etc.)

OBSCÈNE. « La véritable obscénité n'est pas dans la pornographie mais chez les professeurs de morale », etc. (Marque d'un esprit libéral.)

OBSÉDÉ. Abréviation pour « obsédé sexuel ».

OBSÉDÉ SEXUEL. Moderne pour « chaud lapin ».

OBSESSIONNEL. Moderne pour « préoccupé ».

OBSOLESCENCE. Dire qu'elle est « programmée ».

OCCULTER. Moderne pour « cacher ». Ce sont toujours les « vrais problèmes » qu'on occulte.

OCCUPATION. Un passé qui ne passe pas.

OCÉAN. Plus vaste que la mer. Aussi l'air y est-il meilleur.

OCULAIRE. C'est toujours un témoin.

ODEUR. Au pluriel : « mauvaises », au contraire des senteurs et des effluves.

ODYSSÉE. Après qu'on s'est perdu à la sortie du village, raconter son odyssée.

ŒCUMÉNIQUE (Hôtesse —). Prie à dîner ensemble des gens du centre gauche et des gens du centre droit.

ŒDIPE. À tuer. Le liquider.

ŒNOLOGUE. C'est une profession qui s'ouvre aux femmes. Aussi y a-t-il aujourd'hui des « vins féminins ». La femme œnologue en remontre à bien des hommes.

ŒUF. Symbole des origines et aussi d'à peu près tout. Connaissez-vous *seulement* le goût des vrais bons œufs frais ?

ŒUVRE (Sa dernière —). Parler plutôt de « son dernier opus ».

ŒUVRES. Vieilli pour « tâches humanitaires ». Dame d'œuvres : vieilli pour « bénévole ».

OFF THE RECORD. Moderne pour « soit dit entre nous ». Ce qui est confié *off the record* doit être répété absolument. (Voulant à toute force divulguer un ragot, qu'on avertisse que c'est « triple *off* ».)

OFFENBACH (Jacques). Le seul Allemand plus français que les Français.

OFFICE. Le bourreau ne travaille pas, il remplit son office.

OFFICIERS. Deviennent plaisants à la retraite. Dire alors le « brave colonel » comme on dit le « bon docteur » : « Le brave colonel B. était légèrement pompette. »

OFFICINE. Forcément louche.

OISEAU. Croirait-on qu'il descend du reptile ?

OK. Être OK dans sa tête.

OLIVE (Huile d'—). A ses crus, comme les vins. Ses vertus : si nombreuses qu'on s'étonne qu'elle soit grasse. Doit être extra-vierge et obtenue par première pression à froid. L'huile obtenue par deuxième pression à chaud et qui n'est plus vierge, c'est pour les moteurs.

OLYMPIQUE. Avoir la forme olympique : compliment réservé aux octogénaires.

OLYMPIQUES (Installations —). Non rentables.

OMBLE-CHEVALIER. Rêver d'en manger à cause du nom.

OMELETTE. Difficile à réussir, surtout sans casser des œufs. Test du vrai cuisinier, avec les tomates en salade.

ON. Mystérieuse entité dont on prie le ciel qu'elle appelle à votre place dans la formule : « On s'appelle, d'accord ? »

ONCIALE. Qui est une écriture en usage du IVe au VIIe siècle et dont il est rarement question, mais qu'il serait — mis dans le cas d'une controverse à son sujet — désastreux de confondre avec l'*olim*, qui est le registre du Parlement de Paris pour la période allant de 1254 à 1318. (Ceci dans l'hypothèse où la maison qui vous reçoit est équipée d'un dictionnaire, ce qui est d'une probabilité assez grande.)

ONCOPHAGIE. Automutilation permise, sauf à table. Une façon moderne de se manger. Signe qu'on a arrêté de fumer ou qu'on est anxieux, donc sympathique. (Il ne faut jamais rater une occasion d'arrêter de fumer ni d'être anxieux.)

ONCTION. C'est toujours celle du suffrage universel.

ONDOYANT. Quand un sale opportuniste occupe un rang élevé dans la société, il devient un « personnage ondoyant ».

ONU. Gouffre financier bien qu'elle manque de moyens.

OPÉRA I. Spectacle total. Avoir commencé à l'apprécier sur le tard.

OPÉRA II. Il y a toujours une crise à l'Opéra. (Deux opéras font deux crises.)

OPINION. Dénoncer la dictature de l'opinion (voir *Audimat*).

OPPORTUNITÉS. Moderne pour « occasions ». Savoir les saisir. (Ce qui ne veut pas dire qu'on est opportuniste.)

OPPOSANT. Farouche, en général. Au moins, résolu.

OPPOSITION. « Il faut que le gouvernement gouverne et que l'opposition s'oppose. » (Un ton solennel est ici approprié.)

OPTIMISATION. Non seulement on veut optimiser mais on souhaite une *meilleure* optimisation.

OPTIMISER SON POTENTIEL. Façon moderne d'améliorer son ordinaire.

OPTIMISME. Maladie de l'âme. Toujours béat, incurable ou invétéré. (Voir *Pessimisme*.)

OPTIQUE. Au contraire de la vision, toujours nouvelle : « Il faut abandonner l'ancienne vision des choses, et aborder les problèmes dans une nouvelle optique. »

OR. Dix-huit carats ou rien. Rire de la passion de l'or qu'avaient nos grands'parents : « J'ai encore quelque part des louis dans du coton. »

ORAGE. Terrible mais fait du bien. Ceux qui aiment les orages et ceux qui en ont peur. On en a connu d'affreux dans son enfance. Les grêlons :

« gros comme des œufs de pigeon » (bien qu'on n'ait jamais vu un œuf de pigeon).

ORAISON. Tout discours de Bossuet.

ORAL. D'un fumeur de pipe, qu'on soutienne qu'il a « une oralité qui piétine ».

ORANGES. Ce qu'avaient à Noël nos grands'parents ; ce qu'on ira porter à nos amis en prison.

ORATEUR. Toujours « brillant » ou « piètre ». Déplorer qu'il n'y ait plus de grands orateurs : les politiciens avaient dans le passé des organes magnifiques.

ORDINATEUR. A changé notre façon d'écrire, de lire, de voir, de penser mais ne saurait remplacer l'Homme.

OREILLER. Toujours mol, jamais mou.

OREILLES. Les grands vieillards ont de grandes oreilles.

ORGANE. Le prélèvement d'organes : faut-il que les familles y consentent absolument ? (Discussion qu'on a quand on sert des rognons.)

ORGANISATEURS. Ont compté deux fois plus de manifestants que la police.

ORGANISER. Jusqu'au temps libre qu'il faut « organiser », depuis que tout se « gère ».

ORGASME. Tout le monde y a droit mais à qui s'adresser ?

ORGIE. Romaine, forcément.

ORGUEIL. Généralement démesuré.

ORIENT. Compliqué.

ORIENT-EXPRESS. Fait penser à Hercule Poirot et à des scènes érotiques.

ORIENTALISTE. Type étrange d'Européen sachant l'arabe. Il n'y a que de « grands orientalistes ». Travaille dans un cabinet décoré de tapis sur les murs.

ORIGINAL. Au sens d'*excentrique* : il n'y a plus d'originaux mais des gens « un peu fous ». Au sens d'*authentique* : « préférer l'original à la copie ».

ORIGINES. Être fier de ses origines, pourvu qu'elles soient modestes.

ORLÉANS. Évoquer la « cité de Jeanne d'Arc » et la « Pucelle d'Orléans ». (« Cité de la Pucelle d'Orléans » : à éviter.)

ORS. Il n'y en a que dans les « palais nationaux ». « Sous les ors des palais nationaux, que sait-on de la vraie vie des gens ? » Variante : « de la vie des vraies gens ? » (Voir *Lambris*.)

ORTHODONDISTE. Mieux qu'un dentiste mais c'est plus cher.

ORTHODOXE. Les individus « pas très catholiques » se conduisent d'une façon « peu orthodoxe ».

ORTHODOXIE. Il n'y a d'orthodoxes que des communistes mais d'orthodoxie que financière.

ORTHOGRAPHE. La tête sur le billot, on la mettrait. Mais détester les puristes : « Le bon français est celui que les gens parlent. »

OSMOSE. Toujours « parfaite ». Moderne pour qualifier un couple qui marche bien (voir *Fusionnelles*).

OSTRACISME. Injustifié.

OSTROGOTH. Invective. Ne jamais traiter les gens d'« espèce de Wisigoth », sans doute parce que le Wisigoth s'est conduit en gentleman dans les invasions.

OTAGE (Prendre les Français en —). Moderne pour « se mettre en grève ».

OTTOMANS. Les Turcs, avant d'émigrer.

OURS. Avoir vu quelqu'un qui l'a vu.

OUVERT. Nous sommes dans un monde qui est un monde ouvert.

OUVRAGE. Livre sérieux. La plupart du temps, les ouvrages sont épuisés.

OUVRIER. Est-ce la fin des ouvriers ? Conscience ouvrière, culture ouvrière, aristocratie ouvrière : des expressions qui font vibrer.

OVALE (Bureau —). Le sort du monde se règle là.

OVERDOSE. Moderne pour « excès ».

OVNI. « Ovni littéraire » : un écrivain qui a envoyé son manuscrit par la Poste et qui élève des poules à la campagne.

OXFORD. Le bel accent est d'Oxford, comme le grand espion est de Cambridge.

OXYGÈNE. On aimerait s'en donner « un peu ». Quelque chose comme « un ballon », pas plus.

OZONE. Toujours sous forme de couche.

# P

PAGAILLE. Toujours noire.

PAGE. Il est temps de la tourner.

PAGE BLANCHE. Source d'angoisse. (Après, c'est l'écriture et ses *affres*.)

PAILLETTES. Amies du strass. Moquer le-strass-et-les-paillettes. « Loin des paillettes » : la vraie vie.

PAIN. On ne sait pas toutes les saletés qu'il y a dans le pain.

PALABRES. Toujours vaines.

PALAIS BRONGNIART. Dire ce mot en bronchant. Montre que l'on suit la Bourse (parler aussi du « papier », du « lombard », du « billet vert »).

PALMARÈS. Des lycées, jamais des lycéens.

PALOMBE. Autre nom du pigeon ramier. S'ils tiraient des ramiers, les chasseurs seraient moins fiers.

PAMPHLET. Aspirer au retour du pamphlet.

PANACHE. Plutôt que d'en avoir carrément, « ne pas manquer » de panache.

PANDAS. Ils n'ont à manger que tous les soixante-dix ans, quand pousse le bambou.

PAPES. Toujours en retard sur les mœurs. Vivent très vieux, sauf quand on les empoisonne. Les papes de transition se révèlent souvent les plus grands papes. Pie est un prénom démodé dans ce milieu.

PAPIER. Le beau papier fait à la main est fabriqué dans un moulin. En avoir acheté et ne savoir qu'en faire.

PARADIS FISCAL. Souvent paradisiaque, en plus.

PARAGUAY. Sorte d'Uruguay.

PARAÎTRE. Qu'on ait soin de son apparence mais qu'on « méprise le paraître ».

PARALLÈLES. Éviter de mener des actions « parallèles » et « convergentes » à la fois.

PARAMÈTRES. De nombreux paramètres sont à prendre en compte dans une problématique.

PARANO. Moderne pour « inquiet ».

PARCOURS ATYPIQUE. De quelqu'un qui a changé de métier (cela frappe).

PARCOURS INITIATIQUE. Le plus chic.

PARCOURS DU COMBATTANT. Inscriptions à l'Université.

PARCOURS TRÈS ÉCLATÉ. De quelqu'un qui a changé de métier plusieurs fois (cela stupéfie).

PARENTS. Il faut répondre à l'attente des parents.

PARFUMS. Ne « tiennent » plus.

PARIS. 1. je n'y vivrais pour rien au monde (c'est bien pour visiter) ; 2. je ne pourrais vivre ailleurs (mais il faut en partir de temps en temps).

PARIS-MATCH. Bulletin paroissial de Monaco.

PARISIANISME. Dénoncé *a.* par les provinciaux, *b.* par les Parisiens. « Tout ça, c'est du parisianisme » (dans les dîners en ville).

PARRAIN. Allusif, pour un notable à qui l'on prête des magouilles. Les parrains : des sexagénaires benoîts. Se rencontrent dans le Midi.

PART D'OMBRE. Chacun a sa part d'ombre, c'est un droit acquis. Tout grand personnage a « ses ombres et ses lumières ».

PARTAGES DE LA POLOGNE. Sortes de question des Balkans. Traumatisme incurable de l'enfance.

PARTICULIER. Ennemi des « intermédiaires ». Acheter directement aux particuliers.

PARTIE. On n'est pas seulement partie mais partie « intégrante » (plutôt qu'extérieur à la chose dont on est partie).

PARTIS. Les mépriser mais il en faut. Le nombre de leurs adhérents : à diviser par trois. Leurs finances : douteuses. D'un parti qui se crée, dire que c'est un groupuscule. Si un responsable quitte son parti pour en former un autre, c'est au nom de l'unité.

PARTISAN. Toujours farouche ou résolu.

PAS. Se fait le plus souvent « dans la bonne direction ».

PASCAL (Blaise). Bookmaker mystique. Le pari est à Pascal Blaise ce que le paradoxe est à Diderot Denis. A aussi inventé la calculette et l'omnibus. Au moment de répondre à la lancinante question de savoir si science et religion sont compatibles, citer Pascal.

PAS ÉVIDENT. Moderne pour « totalement impensable ».

PASIONARIA. Femme de caractère.

PASSAGE À L'ACTE. Redoutable le plus souvent.

PASSÉ. 1. ignorer les leçons du passé, c'est se condamner à le revivre ; 2. un peuple qui oublie son passé n'a pas d'avenir.

PASSION. Doit être orageuse. Évoquer une « folle passion » pour la distinguer des passions sages.

PASSY. Un ghetto.

PASTA. Qu'on dise la *pasta* pour les pâtes donne l'impression qu'on sait les cuire.

PASTEUR. Fait penser aux petits bergers et aux vers dans le fromage.

PASTEURISATION. Obsession de « Bruxelles » : tout pasteuriser ; aseptiser le reste.

PATATE CHAUDE (Se refiler la —). Moderne pour « bébé (se refiler le —) ».

PATHOLOGIQUE. « Besoin pathologique » : moderne pour « désir ardent ».

PÂTISSERIE. La pâte qui lève : symbole de maternité. « Aussi, chez moi, c'est ma femme qui pâtisse. »

PÂTISSERIES. Tous les pâtissiers ont une spécialité, en province.

PATRIE. Une valeur qu'il ne faut pas laisser à l'extrême droite.

PATRIMOINE. Avoir un patrimoine plutôt qu'être riche.

PATRON. Le patron français est un tyran qui ne veut pas décrocher.

PATRON DE GAUCHE. Il y a contradiction dans les termes.

PAUL (Saint —). Un saint qu'il faut citer.

PAULHAN (Jean). Éminence grise de son métier.

PAUVRES. Les pauvres ont bien des soucis mais ils font une « excellente cuisine de pauvre ».

PAVLOV (Ivan Petrovitch). Inventeur du réflexe.

PAYS-BAS. La marijuana y est cultivée sous serre et vendue sur catalogue comme les tulipes.

PAYS CHAUDS. Il n'y a que les oiseaux qui vont dans les pays chauds : l'homme voyage sous les tropiques.

PAYSAGE. Sorte de musée : le paysan « gardien du paysage ».

PAYSANS. 1. ont des valeurs, des vertus et du bon sens (tandis que les exploitants sont des productivistes inconscients et forcenés) ; 2. se plaignent tout le temps de ce qu'ils produisent trop ou pas assez.

PAYSAN (Fond —). Les Français ont un vieux fond paysan. Qu'un grand bourgeois parisien se soit montré indélicat, c'est par peur de manquer, à cause de son vieux fond. Sert aux choses simples comme le fond judéo-chrétien (voir ces mots) aux affaires compliquées.

PC. Un membre du PC qui écrit sur son PC au PC de Rosny-sous-Bois : vision « surréaliste » (voir ce mot).

PEARL HARBOR. Modèle indépassable de félonie. Après Pearl Harbor, il n'y eut plus que des attaques-surprises assez médiocres.

PEAU. Toutes les vitamines sont dans la peau.

PÊCHEUR À LA LIGNE. Le nom (que la pêche fût ouverte ou pas) des abstentionnistes, avant que les pêcheurs ne soient eux-mêmes candidats aux élections (Pêche, Chasse, Nature et Tradition).

PÉDAGOGIE. Toujours « nouvelle » et très dangereuse. Les « méthodes nouvelles » ôtent aux élèves tout espoir d'apprendre quoi que ce soit.

PÉDAGOGUE. Il est bon de se montrer pédagogue. Les pédagogues de métier, en revanche, sont des espèces de demi-fous.

PÉDÉRASTE. Il n'y a plus de pédérastes.

PEINE DE MORT. Si l'on est pour, c'est par souci de préserver la vie humaine et d'éviter une longue détention aux condamnés.

PEINTURE. Chez l'homme, un métier, chez la femme, une occupation. Femmes-artistes : ont un conjoint qui a de l'argent.

PÉKIN. Vague étendue autour de la place Tien-An-Men.

PÉLAGIQUE. Évoquer la faune pélagique est du meilleur effet.

PELOUSE. Footballistique pour « gazon ».

PENSER I. Quand on reçoit un prix, penser à sa mère qui faisait des ménages.

PENSER II. Penser la mort, la filiation, le voyage montre qu'on est philosophe (le non-philosophe pense *à* la mort, *à* ses parents et *à* fermer le gaz avant de partir).

PÉPLUM. Adorer les péplums.

PERCUSSIONS. Élégant pour « tambours ».

PÈRE. 1. ne sert à rien (l'« image du père » suffit) ; 2. il faut le tuer (mais garder la mère, je suis désolé).

PERFORMANT. Moderne pour « pratique ».

PÉRICLÈS. Comme Louis XIV, a un siècle à son nom.

PÉRIGORD. C'est là que s'est surtout déroulée la Préhistoire. On dit « Périgord noir » à cause des truffes.

PÉRIL. Au singulier, il n'y en a point en la demeure. Au pluriel, dénoncer leur montée.

PERLES. N'en porter que des fausses et s'en vanter. Évoquer l'*orient* d'une perle : signe d'un esprit raffiné.

PERÓN (Juan Domingo). S'il n'y avait pas eu sa femme.

PÉROU. Énormément de choses ne sont pas le Pérou, à commencer par le Pérou.

PERPLEXITÉ. Propice aux « abîmes » (où l'on « plonge »).

PERSE. C'était quand même autre chose que l'Iran. Nous a laissé des miniatures.

PERSIL. Plat, exclusivement. Le frisé : pour décorer, chez les bouchers.

PERSONNAGE (C'est un —). Autorise aux turpitudes : si c'est un « personnage », on lui pardonne.

PERSONNAGE À FACETTES (C'est un —). Dont on n'a pas fini, justement, d'« explorer les facettes ».

PERSONNALITÉ. Attachante ; sinon : médiatique.

PERSONNE. Le bébé, c'est déjà une personne.

PERSONNE. Personne n'est parfait. Ou plutôt : *nobody is perfect*. Ou encore : *Dr Livingstone, I presume* (au moment des présentations) et « Il est minuit Dr Schweitzer » (à l'heure de prendre congé).

PERSONNE AUTONOME. Moderne pour « vieillard ingambe ».

PERVERS. Être un pervers mais « polymorphe ». (Le simple pervers, mal noté dans les dîners.)

PESANTEURS. Toujours « administratives ».

PESSIMISME. Pessimiste, qu'on le soit absolument, mais d'un pessimisme « gai » ou « actif ». Un optimiste, rien de plus bête, surtout quand il est triste ou passif. (Décrier l'optimisme « béat ».)

PESSOA. L'avoir dans son havresac chaque fois qu'on se rend à Lisbonne signale qu'on est un écrivain-voyageur.

PÉTAIN. Vieux libertin. Avait deux heures de lucidité par jour. Lui et de Gaulle s'aimèrent beaucoup.

PETIT (— artisan, commerçant, porteur, producteur, vin). Forcément bon et honnête : ce qui s'oppose aux petits, ce ne sont pas les grands mais les gros. « Tout ce qui est petit est gentil », disaient nos grand'mères à propos des jeunes filles un peu naines.

PETIT (Complexe du —). Explique Napoléon : « Les petits en veulent. »

PETIT (— éditeur, juge, entrepreneur). Forcément courageux.

PETIT-BATEAU (Culotte —). S'enthousiasmer pour les culottes Petit-Bateau ; c'est d'un usage très ancien, nul ne parlera d'appeler la police.

PETIT DÉJEUNER. Le sacrifier. (C'est une erreur fatale mais on espère bien continuer.) Si l'on est une personnalité médiatique, le petit déjeuner en famille est une chose sacrée. Petit déjeuner de travail : façon la plus désagréable de se rendormir.

PETITE MUSIQUE. Émane des femmes quand elles écrivent : « Dans son dernier roman, Élise Delmas nous fait entendre sa petite musique. »

PETITES PHRASES. Assassines.

PETIT POT POUR BÉBÉ. Si on s'écoutait, on se jetterait dessus.

PETITE SANTÉ. « Avoir une petite santé » : être malade ou moribond (synonyme : « aller tout doucement »). « Se soucier beaucoup de sa petite santé » : se porter au contraire comme un charme.

PÉTITIONS. Qu'on les signe mais sans se faire d'illusions.

PEU (Un —). Beaucoup : « C'est quelqu'un d'un peu entier » ; « c'est quelque chose d'un peu terrifiant ».

PEUT-ÊTRE. Sûrement : « Il serait peut-être temps qu'on s'en aille. »

PHÉNIX (Maisons —). Interchangeables. Une maison Phénix ne renaît jamais de ses cendres.

PHÉNOMÈNE. Hier de foire, aujourd'hui de société. Phénomènes inexpliqués : preuves de l'arrogance des savants.

PHILANTHROPIE. Démodée. Liste impressionnante des patrons et des financiers qui « ne sont pas exactement des philanthropes ».

PHILIPPE LE BEL. A donné le mauvais exemple pour les dévaluations.

PHILOSOPHE. Moderne pour « professeur de philosophie qui écrit des livres ». Ce que nous attendons des philosophes : des leçons de sagesse et de bien-vivre.

PHILOSOPHIE. Le lycéen n'y comprend rien mais ça lui ouvre l'esprit. La philosophie, inutile, en quoi elle est justement irremplaçable.

PHOBIE. Partie émergée de l'iceberg : toute phobie a sa raison qu'il faut aller puiser dans l'enfance.

PHOTOCOPIEUR. L'appeler « photocopieuse » et dire que c'est parce que ça reproduit.

PHYSICIEN FRANÇAIS. Moins connu chez nous où il travaille dans un placard qu'en Amérique où il enseigne sur un campus. Découvert sur le tard, quand il reçoit le prix Nobel. Admirer alors sa simplicité et son intérêt pour les causes humanitaires. Avec lui, on comprend tout ; pour un peu, on se croirait un génie.

PICASSO. « Mon fils qui en ferait autant » (1950) se presse aujourd'hui à ses expos. Type de polygame, connu pour ses « femmes de Picasso ».

PIERO DELLA FRANCESCA. L'appeler « Piero ». Son étonnante modernité.

PIERRE (Nom commun). C'est le contraire du béton : on spécule sur l'immobilier, on investit dans la pierre. Vouloir de la « pierre de taille » absolument. « Amoureux des vieilles pierres » : leurs réunions sont des « causeries » (voir ce mot).

PIERRE (Nom propre). Qu'on déshabille pour habiller Paul.

PIERRE ANGULAIRE. Les chevilles ouvrières la placent très haut.

PIERROT. Forcément lunaire.

PIGALLE. Il n'y a plus de vrai milieu à Pigalle.

PILULE. Il y a un avant et un après la pilule (mais pas d'« enfants de la pilule »).

PINAY (Antoine). Tout dans le chapeau.

PIPE. Signe de bonhomie. Mais si vous pouviez quitter la vôtre : c'est l'odeur que je ne supporte pas.

PIQUE-NIQUE. On ne fait plus des pique-nique comme autrefois.

PIRANDELLIEN (Personnage —). Individu à facettes.

PISTES. Il est nécessaire d'explorer de nouvelles pistes.

PITTBULL. Moderne pour « berger allemand ».

PLACEBO (Effet —). Y croire.

PLACEMENT. Vertueux, alors qu'il est mal de spéculer.

PLAIDOYER. Comme l'hommage, il est « vibrant ».

PLAIRE (Se —). Quand on « se plaît », c'est toujours à croire ou à penser.

PLAN-SÉQUENCE. Toujours admirable. Plus il est long, plus il est beau.

PLANÈTE. 1. quelle planète allons-nous laisser à nos enfants ? ; 2. la planète est un bien que nos enfants nous ont confié.

PLANIFICATION. Vice effrayant. Qu'on programme plutôt.

PLANTES VERTES. Il faut leur parler.

PLAQUETTE. Une brochure quand il s'agit de poésie.

PLASTIQUE. Toujours « parfaite ».

PLAT (À —). Dormir à plat, sur quelque chose de bien dur ; on n'est pas au lit pour se détendre.

PLÉIADE. Entrer dans la Pléiade : être admis au paradis des écrivains.

PLEURER. Chez une grande personne : fait du bien (pleurer un bon coup, c'est comme le rire, ça soulage). Chez un bébé : nous couve-t-il quelque chose ? (S'il hurle, ce sont ses dents.)

PLOMBIERS. Heureusement que ce ne sont pas des médecins, on aurait le temps de crever.

PLUMBAGO. D'une culture ingrate, à cause du mal au dos qu'on y attrape.

PLURIEL. S'emploie au singulier. Société plurielle. Monde pluriel. Majorité plurielle.

PLUS RIEN NE SERA COMME AVANT. Moderne pour « le monde change, la vie passe ».

PME. Objet sacré. Patrons de PME : chefs d'entreprise en péril. Dire que la richesse de la France est son « tissu de PME ».

POÉSIE. Penser toujours du bien de la poésie et ne jamais en lire.

POHER (Alain). Saint patron des intérimaires.

POISSON. Plus sain que la viande. En manger et se dire végétarien. Le plus gras des poissons est plus maigre que la plus maigre des viandes.

POIVRE VERT. Tellement démodé qu'il en est surprenant.

POLAR. En apprend sur la société plus que bien des traités. « Comme dans un mauvais polar » : se dit d'événements réels qui auraient fait d'excellents polars.

PÔLE. Si l'on est « en région », travailler dans un pôle. C'est toujours mieux que dans une boîte.

POLÉMIQUE. Toujours « stérile ». Se contenter d'un « début de polémique », on perdra moins son temps.

POLICE. « Mais que fait la police ? » : interrogation métaphysique née avec l'apparition du Français moyen. On souhaiterait qu'elle s'occupât d'autre chose que d'un pauvre diable dans mon genre.

POLICIERS. Moins nombreux que les citoyens, aussi ne peut-on « mettre un policier derrière chaque Français ».

POLITICIEN (Débat —). Dénoncé par les hommes politiques.

POLITIQUE. Non seulement on ne meurt jamais en politique mais on est toujours capable de « rebondir ». La France, pays de la politique.

POLITIQUE AFRICAINE. Toujours scabreuse, avec des « réseaux ».

POLITIQUEMENT CORRECT. Ne pas être politiquement correct et, ainsi, proférer sur tout sujet des horreurs.

POLITISATION (— du débat). Dénoncée par les hommes politiques.

POLLUTION. La pire est celle qu'on ne voit pas.

POLYCULTURE. Signe de civilisation.

POLYGLOTTE. Suscite l'admiration la plus vive. Les grands polyglottes sont des Slaves car il faut avoir de l'oreille.

POLYTECHNIQUE. D'où il n'est aucun besoin de sortir pour savoir que deux et deux font quatre. (*Nota* : de Polytechnique ou de Saint-Cyr, on sort « frais émoulu ».)

POMMES. Il n'y a plus de vraies pommes. Ne jamais évoquer la golden sans une moue de dégoût.

POMPÉI. On y passait sa vie au bordel.

POMPIDOLIEN. Moderne pour « Louis-Philippard ».

POMPIDOU (Georges). Aimait l'art moderne, pour donner le change.

POMPIERS. Deviennent les « soldats du feu » dans les grands incendies. Saluer leur bravoure. Soulever le cas passionnant des pompiers pyromanes.

PONT. Faire le pont, une passion française.

PONTS ET CHAUSSÉES. Autorité sacrée. Grâce à quoi les ponts sont bâtis à la suite des chaussées.

POPES. Obscurantistes dans les campagnes et d'une hygiène douteuse à cause de leur barbe. Se signent à l'envers.

PORC. Moins appétissant que le cochon.

PORTABLE. La meilleure et la pire des choses. Il n'est en rien prouvé qu'il donne le cancer.

PORTEUR. Petit, se fait rouler dans la farine. Gros, ce n'est pas un porteur mais un actionnaire ou un spéculateur.

PORTRAIT-ROBOT. Jamais ressemblant.

PORT-ROYAL. Dire « les Messieurs de Port-Royal ».

PORTUGAIS. L'Espagnol est fier, le Portugais modeste. Les femmes sont intarissables sur les façons de préparer la morue et d'avoir les carrelages.

PORTUGAL. Comment un pays si petit a-t-il pu dominer un si grand Empire ?

POSER. Après avoir posé une question, préciser : « C'est une question que je pose. »

POSITIF. Moderne pour « bien ».

POSITIONNER. Moderne pour « placer ».

POSTE. La Poste se moque du monde.

POST-MODERNE. Moderne pour « moderne ».

POSTURE. Moderne pour « attitude ».

POT-AU-FEU. Un bon pot-au-feu c'est bon. Se réjouir à la vue de l'os à moelle, même si vous n'aimez pas ça.

POTAGE. Vieilli pour « soupe ».

POTENTIALITÉS. Être riche de potentialités.

POTINS. N'être curieux que des derniers.

POTION MAGIQUE. Moderne pour « solution », quand il n'y en a pas. (« Je n'ai pas de potion magique. »)

POTIRON. Raffoler de la soupe au potiron.

POTLATCH. L'échange des cadeaux, à Noël.

POUDRIÈRE. Quand ce n'est pas celle du Moyen-Orient, c'est qu'on est assis dessus.

POURQUOI ÉCRIVEZ-VOUS ? Et si l'on demandait un peu aux musiciens la raison pour laquelle ils composent, aux peintres à cause de quoi ils peignent ?

POURRI. 1. ne pas entonner le refrain du « tous pourris » ; 2. dire, en parlant de la monarchie anglaise, qu'il y a quelque chose de pourri au royaume de Danemark.

POUVOIR. Un puissant aphrodisiaque.

POUX. Ce n'est pas une honte. Font penser aux genoux et aux hiboux.

PRATIQUE. Supérieure à la théorie.

PRATIQUE (Avoir une intelligence plutôt —). N'être pas tout à fait un abruti.

PRAXIS. Intellectuel pour « action ».

PRÉDISPOSER. Rien ne prédisposait X à devenir ce qu'il est devenu : « Quand il mendiait dans la rue à quinze ans, qui aurait pu croire qu'il finirait l'homme le plus puissant de son pays ? » (Personne, évidemment.)

PRÉFACES. Toujours trop longues. Il faudrait les supprimer mais il y a des académiciens qui en vivent.

PRÉJUGÉ. Précédé de « vain », comme s'il en était de bien utiles.

PRÉMATURÉ. Crier victoire le serait.

PRÉMATURÉS. Sont souvent « en avance » ou, au choix, « en retard ».

PREMIER DEGRÉ. Être volontiers « premier degré ». (Voir *Second degré*.)

PREMIÈRE FOIS. Il faudrait commencer par la deuxième.

PREMIER ROMAN. Il faudrait commencer par le deuxième. On y met beaucoup de soi.

PREMIER SOMMEIL. Être surpris dans son premier sommeil : chose terrible. (Le second, tout le monde s'en fiche.)

PREMIER TOUR. Au premier, on choisit ; au second, on élimine.

PREMIERS CHRÉTIENS. Se cachaient dans des souterrains. Des sortes de communistes mais d'un bon naturel.

PRÉOCCUPATION. Au pluriel, « quotidiennes », comme les occupations.

PRESBYTE. Mais, comme on est myope, ça compense.

PRÉSIDENT. Donner du « président » au hasard : on a les meilleures chances de bien tomber.

PRÉSOMPTION D'INNOCENCE. Toujours honteusement bafouée s'il s'agit d'un puissant.

PRESSE. Parler d'« une certaine presse », d'un air entendu, afin que personne ne comprenne.

PRESSING. Toutes les taches sont restées.

PRÊT-À-PORTER (Mode du —). Difficile à porter cette année.

PRÉVENTION. Va toujours avec la répression, et inversement.

PRÉVERT (Jacques). Fait irrésistiblement penser au raton-laveur.

PRÉVOIR. Mais « à l'avance », par surcroît de précaution.

PRINCEPS (Édition —). Élégant pour « première édition ». Signale un humaniste de la vieille école.

PRIORITÉS. Peuvent attendre. Ce qui compte est « la première des priorités ».

PRIVÉ (Dans le —). Les hommes publics, il faut les connaître dans le privé, vous les verriez tout différents.

PRIVILÈGES. Les avantages des autres. Tonner contre : pas de passe-droits ! Les privilèges des gens modestes sont particulièrement insupportables. On n'a pas aboli les privilèges en France, on en a distribué à tout le monde.

PRIX, MÉDAILLES, DIPLÔMES ET RÉCOMPENSES. 1. les mépriser ; 2. les avoir obtenus à une époque où ils signifiaient quelque chose ; 3. remercier toute l'équipe.

PROBLÉMATIQUE. Moderne pour « problème ».

PROBLÈME DE LA POLLUTION DANS LES GRANDES VILLES. Ce n'est pas ce soir que nous réglerons le problème de la pollution dans les grandes villes.

PROBLÈMES. Pré-délinquant : « enfant à problèmes ». Être bourré tous les soirs : « avoir des problèmes avec l'alcool ».

PROCÈS. Moyen de faire fortune aux États-Unis, comme hier les mines d'or.

PROCHES. « Céder à l'affectueuse passion de vos proches » : suranné pour « accepter la charge, la dignité, la fonction à quoi l'on aspirait dès l'âge de treize ans ».

PRODUIT. Toujours naturel s'il vient de la ferme. Toujours pur s'il vient d'une école. (« C'est un pur produit de l'école laïque », etc.)

PROFESSIONNELS DU TOURISME. Tous des voleurs (voir *Restaurateurs*).

PROFIT. Réhabiliter le profit ; dénoncer les profiteurs.

PROGRAMMATIQUE. Déprimant. Évoquer les « contraintes programmatiques ».

PROJET. Avoir un projet. Ou le « porter » (mais alors depuis de longues années). Au pluriel, moins sérieux : avoir un projet pour l'an 2000 et des projets pour ce soir.

PROPRIÉTAIRES. Les petits, meilleurs que les gros. Affectionner les vins de propriétaire.

PROSPECTIVE. Va-t-elle encore se tromper ? L'avenir le dira.

PROSTATE. On a des maux d'estomac mais des « ennuis de prostate ». Les chefs d'État ont tous des chiens labradors et des ennuis de prostate.

PROSTITUÉE. Un exemple pour les femmes « honnêtes ». Rien de si pur, de si généreux, de si aimant et fidèle que le cœur d'une prostituée. Son enfant a reçu la meilleure éducation.

PROTÉINES. Que du bien à en dire.

PROTESTANTS. Ont des valeurs comme les catholiques ont des dogmes. La rigueur du protestant est fameuse. En politique, a du mal à mentir.

PROUST (Marcel). Aujourd'hui, Proust Marcel serait coupé par l'éditeur. Son étonnante modernité.

PROVENÇAUX. Tellement secrets qu'on croit qu'ils sont ouverts.

PROVENCE. Dire que l'on parle là de « la vraie Provence, celle de Giono ».

PROVINCE. Spécialité de « qualité de vie ».

PROVISOIRE. Qu'on ait une tendresse amusée pour le provisoire qui dure.

PROVOCATEUR. Il faut l'être un peu. Parfaitement inoffensif s'il est « professionnel ».

PROVOCATION. Ne pas y céder.

PROXIMITÉ. Rien de mieux, sinon l'exotisme.

PRURIT. C'est toujours « d'écriture ».

PSY. Pour faire psy, qu'on dise « l'Autre, ça, désir, jouissance » et « signifiant ». Qu'on remplace les gens par les « êtres parlants ».

PSYCHODRAME. Moderne pour « discussion un peu vive » (voir *Happening*).

PSYCHOLOGIE. Comme l'Administration, a ses méandres.

PSYCHOPATHE (Légèrement —). Moderne pour « caractériel ».

PSYCHORIGIDE. Moderne pour « honnête et droit ».

PSYCHOSE. Moderne pour « crainte irraisonnée ».

PUB. Il y en a trop.

PUBLIC. A toujours raison (les producteurs). Objet d'amour irraisonné (les artistes).

PUBLIER. On publie trop.

PUCELLE. Ne s'emploie que pour Jeanne d'Arc, et avec « d'Orléans » (voir ce nom).

PUISSANT VOISIN (Notre —). L'Allemagne.

PULSION. Plus souvent « subite » que préparée de longue main.

PURÉE. C'est bon une bonne purée.

PURGATOIRE. N'accueille que les écrivains, quand ils ne sont plus des sujets de conversation et pas encore des sujets du bac.

PURITAIN. Obsédé sexuel.

# Q

QUALITATIF. Trop souvent sacrifié au quantitatif.

QUALITÉ-PRIX (Rapport —). Nombre d'or de la consommation. L'être et l'avoir conciliés. Toujours s'extasier sur le meilleur rapport qualité-prix.

QUALITÉS. Avoir les défauts de ses qualités.

QUANTAS. Les quantas, les quarks et les quasars sont toujours d'un bel effet. Inutile de savoir au juste ce que c'est.

QUANTIFIER. Moderne pour « compter ». Qu'on évoque, l'air soucieux, des paramètres « difficiles à quantifier ».

QUARANTAINE. Énergique chez l'homme, épanouie chez la femme. Pour le quinquagénaire, il est robuste ; le sexagénaire : alerte ; le septuagénaire : sémillant (s'il a une jeune amie : toujours fringant) ; l'octogénaire : encore vif et le nonagénaire pareil à un jeune homme. Le centenaire : bon pied bon œil.

QUART-MONDE. Histoire de cet homme qui jouait au ballon avec son fils jusqu'au jour où il put s'en offrir un.

QUARTIER. Mon quartier, c'est comme un village.

QUARTIER CHINOIS. Inutile de chercher à savoir ce qui s'y passe.

QUARTIER DIFFICILE. La prévention dans les quartiers en difficulté ne saurait faire oublier la répression dans les quartiers difficiles.

QUARTIER LATIN. On n'y rencontre plus que des marchands de chemises.

QUATORZE-JUILLET (Défilé du —). On peut encore y observer des spahis.

QUATRE-ÉPICES. Ne pas croire qu'il y en a quatre (ni une seule dans le curry).

QUÉBEC (Accent du —). Source de gaieté.

QUEL QUEL. Ravages du quelquelisme dans les dîners-débats : Quelle jeunesse pour quelle époque ? Quel futur pour quel avenir ? etc.

QUELQUE. Il y a quelque part dans l'objet de masse quelque chose qui d'une certaine façon est en rapport avec quelque chose qu'il faut bien appeler la démocratie.

QUELQU'UN. N'est pas n'importe qui. (« Toi qui connais quelqu'un au ministère. »)

QU'EN-DIRA-T-ON. Entité mystérieuse dont il convient de se moquer.

QUERELLE. Qu'on ne se cherche pas des querelles car toujours elles sont « mauvaises ».

QUESTION. La poser, c'est déjà y répondre.

QUESTIONNEMENT. Déclenche la problématique.

QUÊTE. Jeune être en quête de valeurs ou d'insertion professionnelle.

QUICHE. Avoir ouvert un salon de thé où l'on servait des quiches, après l'échec de la Révolution.

QUIGNON. Se battre pour le quignon.

QUINTESSENCE. Très raffinée. Du super.

QUINZE AOÛT. Après, le temps change. Pas un chat sur les Champs. Se baigner dans les fontaines.

QUINZE CENT QUINZE. Évoque aussitôt Marignan mais on ne sait plus où c'est ni pourquoi on s'y battit.

QUOI. Mais de quoi parle-t-on ?

QUOTIDIEN (Au —). Moderne pour « quotidien » : le travail au quotidien, la vie au quotidien, les préoccupations au quotidien.

QUOTIDIEN (Un grand — du soir). Formule singulièrement énigmatique pour désigner *Le Monde* aux initiés.

# R

RABELAIS (Nous sommes au pays de —). Qu'on ait soin d'ajouter : « et de Coluche ».

RACINE (Jean). Qu'on le préfère à Corneille Pierre, puisqu'il nous a peints tel que nous sommes.

RACINES. Tenir beaucoup à l'endroit où on les trouve : « C'est là que sont mes racines » ; « Si tu veux, quelque part, ce sont mes racines » ; etc.

RACISME. Jamais banal mais « ordinaire ». Raconter une « scène du racisme ordinaire ».

RADEAU. Toujours *de La Méduse.*

RADICAUX. Leur nom vient de radis, parce qu'ils ne sont rouges qu'à l'extérieur. S'en moquer avec tendresse. Le Sud-Ouest, « vieille terre radicale ». Être terrifié, en revanche, par les *radicaux libres.*

RADINS. Moqués par les avares.

RADIO. C'est comme la douche, ça réveille.

RADIOGRAPHIE. Toujours « de l'opinion ».

RADIS. Question peu abordée. Nul n'a jamais rien à dire sur le radis.

RAGOT. Toujours « infâme », au contraire du potin et du cancan.

RAGUSE. Évoquant Dubrovnik, parler de « l'antique Raguse ».

RAIMU. On lui doit l'accent à la Raimu.

RAINIER (SAR). SARL. Les Grimaldi, fournisseurs de *Paris-Match* de père en fils.

RAISON. L'une des trois vertus cardinales, suivant les orateurs. (« Ce qui nous guide est à la fois la raison, l'intérêt et le cœur. ») Savoir raison garder.

RAJOUTER. « Ajouter », chez ceux qui en rajoutent.

RAMBO. Moderne pour un rouleur de mécaniques. Tonner contre les « espèces de Rambo ».

RANDONNÉE. Rien de plus sain, sinon la marche.

RAPPORT. Rapport aux autres, au temps, à l'espace, etc. : moderne pour « conduite ».

RAPPORT DE LA COUR DES COMPTES. S'en régaler dans les dîners. Où va notre argent ! (Et ce n'est que la partie émergée de l'iceberg !)

RAPPORTEUR. Quand il dénonce, toujours « petit ».

RAPPORTS. Doivent être enterrés, comme les morts. (C'est un signe de civilisation.)

RASOIR ÉLECTRIQUE. Ça échauffe. Type du progrès démodé.

RASPOUTINE. Il y aura toujours des Raspoutine au Kremlin, comme il y aura toujours des tsars.

RASTIGNAC. Qui monte à Paris et réussit est un « moderne Rastignac ».

RATON LAVEUR. On n'en parle qu'à la fin des inventaires.

RATS, CHEVAUX, etc. Ont une mémoire d'éléphant.

RAVEL (Maurice). Évoquer ses *Jeux d'eau*, cela changera du *Boléro*.

RAZZIA. On ne fait de razzia que dans les soldes, les frigos et les buffets.

RDA. A laissé une trace dans l'Histoire grâce aux « nageuses de la RDA ».

RÉALITÉ. « Toute différente », deux fois sur trois. Que les beaux esprits aillent donc se colleter avec la « réalité du terrain » !

REBELLE. Être un rebelle ; épargne le souci des révolutions.

REBONDISSEMENTS. Il n'y a que « les derniers » qui intéressent.

RECETTE. Nul n'a celle de la potion magique. Recette de grand'mère : inscrite au crayon à encre dans un cahier de moleskine noire.

RÉCHAUFFEMENT. Ça paraît bizarre mais celui de la planète, il faut s'en inquiéter. Lors d'un été pourri : « Et dire que la planète se réchauffe ! »

RECHERCHE. Toujours « de pointe ».

RÉCIPROQUEMENT. À qui lance une formule d'un ton sentencieux, qu'on réponde « ... et réciproquement » d'un ton enjoué.

RÉCOLTANT. Fait toujours du bon vin s'il est propriétaire.

RÉCONCILIER (Se —). D'abord avec soi-même. Avec son corps ensuite. (Pour être bien avec les autres, il faut être bien dans sa peau.)

RECONNAISSANCE. N'a pas besoin d'être exprimée.

RECONSTRUIRE (Se —). Moderne pour « se remettre ».

RÉCRÉATION. Il est temps d'en sonner la fin.

RECUL. En prendre un peu.

RÉCURRENT. Le rêve récurrent est lourd de significations.

REDEVANCE. « Ce n'est pas pour de telles âneries que je paie la redevance. » (Même si on évite de la payer.)

REDRESSEMENT. Le pays a toujours besoin d'être redressé. Ou l'on est dans cette voie ou il serait temps qu'on s'y engage.

RÉÉDITÉ. Toujours *enfin* : « Ce livre, enfin réédité.... »

RÉEL (Le —). Éthéré pour « la réalité ». Celle-ci peut être crue, effrayante, insupportable, le réel, jamais. Être en prise avec le réel, plutôt qu'averti de ce qui se passe.

RÉFÉRENDUM. *Politique* : réclamer un référendum, si l'on est assuré qu'il échouera.

REFLET. On le méprise. Toujours « pâle ».

RÉFLEXE. Salutaire.

RÉFORMES. Plus difficiles à faire que les révolutions. Réforme de fond : ne pas l'engager avant les élections, où c'est risqué, ni après, où ce n'est pas le plus urgent.

REFRAIN. Éternel.

REGARD DISTANCIÉ. Moderne pour « vision objective ».

RÉGENCE. Un entracte de l'Histoire, où l'on soupait.

RÉGIME. Abréviatif pour « régime amaigrissant ».

RÉGION. En région, on ne s'ennuie pas comme en province.

RÉGLEMENTATION. Une jungle.

RÉHABILITER. Seulement des aliments.

RÉINVENTER. L'espoir, la famille et la démocratie.

RELATIF. *Tout* est relatif.

RELATION (Avoir une —). Moderne pour « fréquenter ».

RELATIONNEL. Prendre soin du relationnel.

RELIGIONS. Il y a du bon et du mauvais chez toutes. Ce qui fait problème avec les religions, quand on y réfléchit, c'est Dieu (aussi, vive le bouddhisme !).

RELIRE. Ses classiques.

REMAKE. Toujours pâle ou mauvais.

REMBRANDT. A passé sa vie à se regarder dans la glace.

RÉMISSION. Quand vous semblez guéri, c'est mauvais signe.

REMPART. De la chrétienté (et toujours « le dernier »).

RENAISSANCE. Nous vivons une nouvelle Renaissance.

RENAN (Ernest). Soigneusement le confondre avec Taine Hippolyte, qu'on n'a pas lu non plus.

RENAULT. Ancienne forteresse.

RENCONTRE. Celle d'un parapluie et d'une machine à coudre sur une planche à repasser a toujours son fan-club.

RENDEZ-VOUS. « Le soleil est au rendez-vous » : se dit dans les pique-niques.

RENOIR (Auguste et Jean). Les Renoir étaient sensuels de père en fils.

RENTRÉE. Qu'on évoque l'odeur de papeterie des rentrées d'autrefois.

REPÈRES. Notre société a perdu ses repères, c'est la cause de tous les maux.

RÉPÉTITION (À —). Les carabines et les angines.

RÉPIT. De courte durée.

REPLI I. Attirant — et il ne faut pas « céder à la tentation du repli ».

REPLI II. Tactique — la déroute seule est stratégique.

RÉPONSE. Plus élégante au pluriel. Dire qu'« on n'a pas les réponses ».

REPOS. Toujours bien mérité. (Voir *Retraite.*)

RÉPRESSION. Ne saurait être isolée de la prévention (voir ce mot).

RÉPUBLICAIN. Toujours « vieux » (on est un vieux républicain à n'importe quel âge). Mais pas de « vieux démocrate ».

RÉPUBLIQUE. Faut-il changer la République ou changer de République ?

RÉSISTANCE. Il fallait se trouver au bon endroit au bon moment. Qu'aurait-on fait soi-même ? Aurait-on parlé sous la torture ? Déjà que chez le dentiste...

RÉSOLUTION. Qu'on prenne une ferme résolution plutôt qu'une molle.

RESPONSABLE. Personne n'est jamais responsable de rien dans cette baraque.

RESPIRER. On ne respire qu'à la montagne ou à la mer.

RESSERRER. Les boulons. Les équipes. Un gouvernement resserré sera plus efficace.

RESTAURATEURS. Tous des voleurs (voir *Syndics*).

RETARD. Tonner contre le retard du pays dans tous les domaines où il n'est pas fantastiquement en avance.

RETOMBÉES. Toujours bénéfiques. Les attendre.

RETRAITE. Bien méritée. (Voir *Repos.*)

RETRAITE DES CADRES. Ce à quoi les cadres se reconnaissent.

RETRAITES. Qui paiera nos retraites ?

RÉTRO. Démodé pour « ringard ».

RETZ (Cardinal de —). Qu'on cite Retz.

RÉUNION. Avoir des réunions jusqu'à la fin de la semaine.

RÊVE. Devient réalité.

RÊVES. Il s'en passe de drôles, dans les rêves.

RÉVEIL I. Se réveiller à trois heures : signe d'angoisse.

RÉVEIL II. Risque d'être rude.

RÉVEILLON I. En avoir plusieurs en vue.

RÉVEILLON II. Qu'on arrive tard, quand les huîtres sont ouvertes.

RÉVEILLON À LA CAMPAGNE. Qu'on se perde à cause du plan mal fait. Sachant son chemin, qu'on arrive tard quand le feu aura pris.

RÊVER. Arrêter de rêver.

RÊVERIE. Toujours « douce ».

REVERS. Est à la médaille ce que la partie cachée est à l'iceberg : le seul côté qui intéresse.

REVIREMENT. Toujours « brutal ».

RÉVISIONS. Celles du baccalauréat mises à part : « déchirantes ».

RÉVOLUTION. 1. est un bloc ; 2. n'est pas un bloc. Au moins, en ce temps-là, on ne mourait pas de maladie.

RÉVOLUTION CULTURELLE. Que ce ne soit pas n'importe quoi : appeler à une *véritable* révolution culturelle.

RHINO-PHARYNGITE. Moderne pour « rhume ».

RICHELIEU. Un adversaire redoutable pour les Trois Mousquetaires.

RICHES. Les autres. À son voisin : « Toi qui es riche. » Toujours protester qu'on est pauvre. Et si l'on a de l'aisance, avoir connu le temps des vaches maigres.

RICHES (Vrais —). Les vrais riches ne paient pas d'impôts. Anecdotes prouvant que les riches sont malheureux ou qu'ils se comportent d'une façon ridicule.

RIEN. Ne sera plus comme avant.

RIGIDITÉS. « Administratives ». Moderne pour « règlements ».

RIMBAUD (Arthur). Notre Mozart. L'appeler Arthur.

RIME. Ne s'accorde jamais avec la raison.

RIRE. Peut-on rire de tout ? Non, on doit ! (À chaque fois qu'est servie une bonne blague sur les camps de concentration ou les assassins pédophiles.) Les femmes aiment les hommes qui les font rire.

RISQUE ZÉRO. N'en parler que pour dire qu'il n'existe pas.

RITES. Nécessaires, dans les enterrements.

RIVERAIN. Se plaint toujours qu'on coupe des arbres. Pire qu'un voisin. D'ailleurs, le riverain se plaint aussi du voisinage.

ROAD MOVIE. Film de promotion pour les itinéraires touristiques aux États-Unis. En France, les *road movies* sont impossibles — ou alors à pied ou à vélo : on est tout de suite à la mer.

ROBE. Petite quand elle est noire.

ROBESPIERRE (Maximilien de —). Avait un bon fond, pourtant.

ROCHER. Quand on ne parle pas de Monaco mais du « Rocher », c'est qu'on est au courant des intrigues.

ROCKERS (Vieux —). Reprennent du service tous les trois ans à cause du fisc.

ROIS DE FRANCE. Tous petits ; il suffit de voir leur lit dans les châteaux. Mangeaient beaucoup, avaient des maîtresses, ne se lavaient point.

ROLAND. Inséparable du « traître Ganelon ».

ROMAINS. Les nobles se gavaient d'estomacs de rossignols. Le peuple n'avait droit qu'à du pain en regardant des jeux.

ROMAN. 1. le roman est mort ; 2. le roman n'est pas mort.

ROMAN (Art —). Être « roman » ou « gothique ».

ROMANS FRANÇAIS. Ne jamais en lire.

ROMANTISME. Trop souvent confondu avec le romanesque, comme, avec le porno, l'érotisme.

RONDEURS. Toujours « pleines de charme ».

RONFLEMENT. Si votre compagnon est sujet à ronfler, il faut le dénoncer dans les dîners.

ROOSEVELT (Franklin Delano). N'eût-il été si malade, Staline n'aurait jamais mis la main sur la moitié de l'Europe.

ROQUEFORT. Le roi des fromages. Mais manger du camembert.

ROSÉ. N'est pas du vin. D'ailleurs, il n'y a pas de raisin rosé.

ROT. Rotant par distraction, qu'on dise que c'est un signe de courtoisie dans des civilisations très anciennes.

ROTARY. C'est une légende qu'on n'y pense qu'à manger.

ROUAGES. Nécessaires aux machinations. (« Révéler la vérité mettrait en cause les plus hauts rouages de l'État. »)

ROUMAINS. Font la manche dans le métro. Parlent très mal français, en fait. Ce qu'il y a de bien : ce sont des Latins.

ROUSSEAU (Jean-Jacques). Toujours l'opposer à Voltaire. Cause de la Révolution et de la pédiatrie. S'il s'est soucié des enfants, c'est qu'il ne s'est pas occupé des siens.

ROUSSEL (Raymond). Rare spécimen d'excentrique français (anecdotes à ce sujet). Placer haut Roussel Raymond sans l'avoir jamais lu.

ROUSSES. Incendiaires ou explosives par vocation.

RUBENS (Petrus Paulus). Providence des femmes enveloppées.

RUE. « La mode, la vraie, c'est dans la rue qu'elle se fait. » À quoi l'on répondra : « Vous devez très peu marcher. »

RUGBY. Voyant un garçon piétiné par l'équipe adverse et laissé pour mort, qu'on dise que c'est un jeu viril.

RUMEUR. Répétée, elle devient « persistante », et donc une vérité.

RUPTURE. La « rupture épistémologique » (qui est une sorte de « révolution copernicienne ») est la plus élégante.

RUSSE. Possède une âme. L'âme russe, une grande gêne pour le Russe.

RUSTIQUE. Démodé pour « campagne ». (Un décor « très campagne ».)

RYTHME. Dans le sang des écoliers, aussi l'idéal serait que chacun apprenne à son rythme.

# S

SAC À MAIN. Ne sert plus qu'à la recrudescence des vols dans les salles de cinéma.

SACERDOCE. Infirmière : pas un métier, un sacerdoce.

SACRO-SAINT. Moderne pour « très saint » : « Le sacro-saint week-end a pris le pas sur la Sainte-Messe. »

SADE (Marquis de —). Le divin Marquis. Avoir lu Sade (même si l'on a sauté tous les passages qui n'étaient pas cochons).

SAGAN (Françoise). L'appeler « Sagan ». Tout le monde l'aime bien, notre Sagan.

SAGESSE. Orientale, forcément.

SAIN. Naturel, évidemment. (« Un aliment sain et naturel. »)

SAINT-JACQUES-DE-COMPOSTELLE. Toute bourgade qui n'a pas abrité des Templiers fut une étape sur la route de Saint-Jacques. (On y a repéré la coquille !)

SAINT-JUST (Louis-Antoine). Sévère mais juste. On l'appelait l'« Archange ». Dire à son propos : « La Révolution dévore ses fils. »

SAINT-MARC (Place —). Fait penser à des pigeons.

SAINT-OFFICE. On ne prononçait pas son nom sans trembler.

SAINT-PIERRE-DES-CORPS. Symbolise le changement.

SAINT-SUAIRE. Même s'il est faux, il est ressemblant.

SAINT-TROPEZ. Les grandes heures de Saint-Tropez : juste après les grandes heures de Saint-Germain-des-Prés. Ne jamais aller à Saint-Tropez, sinon sur les « hauts ».

SAINTE. La femme d'un amateur de football (selon l'idée reçue que les femmes n'aiment pas le foot).

SAINTE-HÉLÈNE. Île connue par son rocher.

SAINTE-MÈRE-ÉGLISE. Son église. Son parachutiste qui s'y trouva accroché lors du Débarquement.

SAINTES-MARIES-DE-LA-MER. Campement autorisé aux nomades.

SAISON. Toujours mauvaise dans le commerce.

SAISONS. Avec la vie moderne, on ne sent plus les saisons.

SALADE. Ne fait pas grossir.

SALADE (Feuille de —). Manie de la feuille de salade dans les assiettes au restaurant. Tonner contre. Sert aux anorexiques à cacher la nourriture.

SALADE NIÇOISE. Se disputer au sujet de la vraie. (Il est interdit d'en faire de la fausse.)

SALON. Regretter la disparition des salons n'empêche en rien de décrier les « révolutionnaires de salon ». Salon de peinture : n'expose que des croûtes.

SALTIMBANQUE. « Nous sommes des saltimbanques » : phrase habituelle aux acteurs les mieux payés. Les mimes du parvis Beaubourg se tiennent seuls pour des artistes.

SALUBRITÉ. Une œuvre de salubrité : toujours « publique ».

SAMOTHRACE. Célèbre pour sa victoire comme Alésia pour sa défaite, mais on ne sait pas non plus où c'est.

SAMU. 1. quelque convive affichant des opinions excentriques, il faut que ce soit un bien vieil ami pour qu'on s'écrie sans façon : « Appelez le SAMU ! » ; 2. un invité pris de syncope, qu'on perde aussitôt ses esprits, ne sachant s'il convient d'appeler le SAMU ou les pompiers.

SAN FRANCISCO. Avec tous ces tremblements de terre, c'est une ville qui danse sur un volcan.

SAND (George). Comme ceux d'Evelyn Waugh, ses parents se sont trompés de prénom. Et elle vécut comme un homme ! Ne jamais lire les œuvres de Sand George mais tout connaître de ses « passions tumultueuses ».

SANDRE. C'est meilleur que le brochet. Et puis les sandres ont mangé tous les brochets.

SANDWICH. 1. ne pas prendre à la lettre l'usage où l'on est de l'« avaler » ; 2. dénoncer avec la plus grande vigueur les sandwiches de la SNCF.

SANG (Don du —). La preuve que les Français ont un bon fond. Symbole du désintéressement républicain : « Moi, si on me payait pour, je n'en donnerais plus ! »

SANG-FROID. Ce sont seulement des meurtres qu'on commet de sang-froid. (S'agissant de porter secours, c'est « sans perdre la tête ».)

SANGLIER. Toujours « vieux » quand c'est un homme. (Voir *Lion*.)

SANS FAUTE. Ne se dit que d'un parcours.

SANS PEINE. Fait bien dans un titre. *(Le Dîner sans peine.)*

SANTÉ. 1. nuit gravement au tabac ; 2. en bonne santé, on ne l'est plus qu'« apparemment ». (Une parfaite santé cache sûrement quelque chose.)

SAOUDIENS. Tous riches et de sang royal, avec de nombreuses épouses et des faucons dressés. Même leurs vécés sont en or.

SARCELLOIS. Population pacifique d'un habitat criminogène.

SARDINE À L'HUILE. Meilleure quand elle a de la bouteille.

SARTRE (Jean-Paul). C'est une légende qu'il ait dansé le be-bop dans des caves. S'est toujours trompé d'une façon géniale. On est fier d'avoir eu tort avec lui. (Voir *Aron Raymond.*)

SAUCES. Trop riches. Des « jus » sont préférables.

SAUCISSON. Un homme qui se restaure de saucisson ne peut être complètement mauvais.

SAUMON. Tout le monde aime le saumon. Sa couleur vient de ce quoi il se nourrit. Certains naissent prétranchés dans des bateaux-usines.

SAUVAGE. Signe d'excellence, qu'il s'agisse de saumon, de canard, d'asperges, de soie, de passion, de coin ou de riz (qui n'est pas du riz).

SAUVE-QUI-PEUT. Qualifié de « général », afin qu'on comprenne bien de quoi il est question.

SAVANT. On est toujours à la merci d'un savant fou. (Sages, ce sont des « scientifiques ».)

SAVOYARD. Toujours robuste. (Voir *Champenois.*)

SCANDALE. A un parfum.

SCARABÉE. Insecte sacré mais on ne sait pas pourquoi.

SCÉNARIO. Qu'on imagine, pour distraire les convives, un « scénario-catastrophe » : l'effondrement des bourses, le feu nucléaire aux mains d'un fanatique, etc., quelque chose d'effrayant.

SCÈNE DE MÉNAGE. C'est très bon pour la santé.

SCÈNE PRIMITIVE. Décide de tout, même si les parents ne se souviennent absolument pas d'avoir jamais joué une scène au lit à l'intention d'un public enfantin.

SCHIZOPHRÈNE. Se dit de quelqu'un qui écrit des romans à côté de son métier dans la finance.

SCHWEITZER (Docteur). Ne savait jamais exactement quand il était minuit, au Gabon.

SCIENCE. Un peu de science écarte de la religion et beaucoup y ramène.

SCIENCE-FICTION. « C'est de la science-fiction » : moderne pour « votre hypothèse est hasardeuse ».

SCOOP. Toujours celui de l'année. Proférant une banalité, préciser : « Ce n'est pas un scoop » (moderne pour : « Je ne vous apprends rien »). Doit-on privilégier le scoop à n'importe quel prix ?

SCOTLAND YARD. Parler de *New* Scotland Yard montre qu'on n'a pas arrêté de lire des policiers anglais après la mort d'Agatha Christie.

SCRUTIN (Modes de —). Au mieux, ont tous leurs inconvénients. Au pis, tous malhonnêtes. N'en changer que pour des raisons inavouables.

SECOND. Toujours « éternel ». Goût du Français pour les seconds : l'exemple de Poulidor. Le second est quelqu'un comme nous, le premier est un monstre.

SECOND DEGRÉ. En avoir assez du second degré. (Voir *Premier degré*.)

SECONDE GUERRE MONDIALE. *Montée des périls* : l'entre-deux-guerres. *Années noires* : 1940-1944.

*Heures les plus sombres de notre Histoire* : pendant les années noires. *Grandes heures de la Libération* : après les heures les plus sombres. (Voir ces mots.)

SECOURISME. Un blessé à la tête, qu'on ne le garrotte pas autour du cou.

Qui s'est empoisonné, qu'il rende, c'est bon signe.

Qui est pris d'un rire hystérique, qu'on le gifle très fort, surtout les femmes, et quand elles sont prises de sanglots hystériques, c'est qu'elles vont beaucoup mieux.

Qui refuse de se laisser soigner, qu'on l'assomme.

Qui a pris un coup sur le crâne, qu'on lui demande s'il sait encore son nom, son adresse et son code secret pour les retraits bancaires.

Qu'on lui parle sans arrêt, afin d'éviter qu'il ne s'endorme, et qu'on le force à marcher, tenu sous les aisselles.

Les doigts, oreilles, langues et sexes coupés, qu'on les mette à la glace (en avoir sur soi).

Les personnes électrocutées, qu'on ne les manipule qu'avec de grands bâtons (malheureusement introuvables dans le commerce).

Qu'on n'attende les secours que si l'on a pris soin de les prévenir.

Chaque fois que c'est possible, qu'on ne fasse rien, car souvent, croyant bien faire, on fait mal. N'agir avec empressement qu'animé d'un noir dessein.

SECOURS (Premiers —). Nos sauveteurs, toujours les premiers à porter assistance dans les catastrophes. Retrouvé sous les décombres, on est heureux que ce soit par un chien français.

SECRET. Celui des dieux, très prisé : « Vous qui êtes dans le secret des dieux », hommage à un hôte de marque. N'a de sceau que rompu : « Je vous confie cela sous le sceau du secret. » (Sera répété de la même façon.)

SECTAIRE (Un peu —). Moderne pour « personne de conviction ».

SECTE. On en est toujours « prisonnier ». Éviter de confondre « sectaire » et « sectateur ». Une religion, c'est une secte qui a fait son trou et, au moins, dans les sectes, ils se tuent entre eux, au lieu de massacrer les Infidèles.

SÉCURISANT. Plus que rassurant.

SÉGUR (Comtesse de —, née Rostopchine). Le seul des auteurs pour enfants dont on sait par cœur le nom des parents.

SEINE. N'a pas de méandres mais des boucles.

SÉISME. Un scandale sans égal déclenche un séisme sans précédent.

SEL. Le Français resale ses plats avant de les goûter. C'est pour se venger de la gabelle.

SÉLECTION. Rarement indulgente, souvent « impitoyable ».

SELS MINÉRAUX. Substances magiques, très supérieures au sel de mer. Malheureusement, nous en manquons.

SÉMANTIQUE. Se livrer à une querelle sémantique : plus élégant que de se battre pour des mots.

SEMPÉ. Tout le monde adore Sempé.

SEMPITERNEL. Éternité déchue.

SÉNATEUR. Type rare de Français non stressé. Toujours honorable et mangeant bien.

SÉNÉGALAIS. Tous fils, petit-fils, cousins, neveux ou petits-neveux de tirailleurs.

SENIORS. Moderne pour « vieux », depuis qu'ils ont de l'argent à dépenser.

SENS. Donner du sens.

SENSIBILISÉ À. Moderne pour « sensible à ».

SENSIBILITÉS. Il faut respecter les sensibilités mais combattre les opinions.

SENTIMENTS. Le plus beau des bouquets offerts ne peut remplacer les sentiments ; des bijoux au moins sont nécessaires.

SEPT. Chiffre magique.

SEPTENNAT. Trop long. Défendre l'idée d'un septennat de cinq ans puis, élu président, d'un quinquennat de sept ans.

SÉRÉNITÉ (Trouver la —). Être vieux et impuissant.

SÉRIEUX. Euphémisme pour « ennuyeux ». Fuir toute conversation sérieuse avec des gens sérieux.

SERPENT. Tous venimeux.

SERVICE MILITAIRE. 1. perte de temps absurde ; 2. a eu ses bons côtés. On y a connu des gens qu'on n'aurait pas rencontrés autrement. (S'émerveiller à ce propos de ce que la mémoire embellit le passé. Chacun puisera un exemple dans sa vie personnelle.)

SERVICE PUBLIC. N'exclut pas la rentabilité. Tonner contre au temps de sa grandeur puis déplorer sa décadence.

SERVICES. L'avenir est dans les services.

SEUIL. Curieusement synonyme de « barre ». La barre et le seuil des trois millions de chômeurs sont franchis de la même façon.

SÉVIGNÉ (Marquise de —). Le seul des auteurs de lettres dont on ne sait pas le prénom. Aujourd'hui, elle enverrait des fax.

SEXE. Moderne pour « la chair ». Évoquer les années sexe. Tout est dans la tête, quand vous creusez bien.

SEXE DE L'HOMME. Sa taille : de peu d'importance. Sa forme : « Se déduit de celle du nez », dit l'une, regardant son voisin, et l'autre, épiant le sien : « Non, c'est de celle de l'avant-bras. »

SEXOLOGIE. Avoir une qualité d'écoute au niveau du sexe.

SEXUALITÉ. N'est plus considérée comme une perversion sexuelle. Vivre sa sexualité.

SEXY. Moderne pour « attrayant ». (« Une mise en pages sexy. »)

SHAKESPEARE (William). Bien que ce fût un génie, il aurait existé. Son étonnante modernité.

SHAMPOOING. Qu'il soit « professionnel ».

SHAMPOUINEUSE. Moderne pour « midinette ». A des songeries dont il est convenu de se moquer.

SHERPA. Familier pour « collaborateur qui abat tout le boulot ».

SIBÉRIE. Et des gens y habitent !

SICAIRE. Vieilli pour « tueur à gages ».

SICILE. Terre de contrastes.

SIÈCLES. Commencent toujours en retard ou finissent en avance. Nous sommes déjà au vingt et unième siècle. Contrat, affaire, hold-up, mariage du siècle : le dernier qui a eu lieu.

SIÈGE. Les gens qui disposaient d'un fauteuil ne se retrouvent sur un siège que s'il est « éjectable ».

SIESTE. Ce n'est pas de la paresse mais un art. Ne nuit en rien au sommeil nocturne, ce qui est le principal.

SIGNAL. *Politique* : envoyer des signaux mais « forts ».

SIGNALÉTIQUE. Exiger une « signalétique » et, son vœu exaucé, la réclamer « plus claire ».

SIGNE. Qu'on demande son signe à son voisin, sa voisine, et qu'on s'exclame : « Je l'aurais parié ! »

SIGNIFIANT. Plus élégant que le signifié, et ne parlons pas du référent, qu'on méprise.

SIKHS. Guerriers terribles. Ne quittent jamais turban ni poignard. Font des gardiens d'immeubles redoutables.

SILENCE. C'est comme le bruit, il faut s'y habituer.

SIMPLE. Tout ce qui est simple est en réalité plus complexe.

SIMPLEMENT. « Le poulet simplement rôti » est au restaurant tout bonnement hors de prix.

SIMPLICITÉ. Volontiers « inouïe », voire « simplissime ».

SINATRA (Frank). Le visage souriant de la Mafia.

SINISTRE. Nom que prend l'incendie, quand le coup de feu est passé et que l'assureur mesure son « étendue ».

SINOLOGUE. Œil qui est dans la tombe et regarde les ex-Maos. A eu raison trop tôt mais ce n'est pas de jeu, il connaît la Chine et le chinois.

SITUATION DÉPRESSIONNAIRE. Moderne pour « mauvais temps ».

SITUATION RÉGULIÈRE. N'est exigée que des étrangers.

SIXIÈME (Classe de —). Un endroit où l'on peut entrer sans savoir lire et d'où l'on sort sans savoir écrire ni compter.

SMIC. Qui peut bien vivre avec le SMIC ? Ignorer combien ça fait.

SOAP. Adorer les *soaps.*

SOCIÉTÉ. Ses pesanteurs, ses blocages, au contraire du pays qui a ses chances et ses atouts.

SOCIOLOGUE DE SERVICE. Agent technique dont la présence est obligatoire sur les plateaux de télévision.

SOCLE. *Politique* : nécessité de « poser le socle du changement ».

SOCRATE. Met fin aux Présocratiques et lance le genre des disciples de Socrate. Travaille comme Columbo, en posant des questions dont il sait les réponses.

SODOMIE. La gomorrhie, beaucoup moins populaire.

SOIR. Qui est du soir n'est pas du matin.

SOIRÉE TRÈS PARISIENNE. Moderne pour « réunion de propagande en faveur d'une marque de vins et spiritueux ». (Option : parfum.)

SOIRÉES. Toujours trop courtes : « Ce n'est pas en une soirée qu'on va régler la question de l'euthanasie. »

SOIXANTE-HUITARD. Toujours « vieux » ou « attardé ».

SOLDAT. Quand il est « grand » : un général.

SOLDES. Événement sportif : on les court.

SOLEIL. C'est quelque chose de très dangereux dont il faut rechercher les bienfaits.

SOLITUDE. Rien de tel qu'une foule immense autour de soi pour être saisi d'un sentiment d'intense solitude.

SOMATISER. Chose excellente. « Il faut que ça sorte. » Ce qu'on garde pour soi fabrique des cancers. Plus on est couvert de boutons, mieux ça vaut.

SOMMEIL. Une femme est belle dans son sommeil. Et un enfant, donc. Et un homme. Tout le monde, en fait.

SOMNAMBULE. Ne surtout pas le réveiller, c'est très dangereux. Pourrait se promener tranquillement dans la maison mais, rien à faire, il faut qu'il aille sur le toit.

SONDAGES. Ce ne sont que des « photographies à un moment donné de l'opinion » (une photographie qui ne serait pas à un moment donné, ça s'appellerait du cinéma). Ne pas croire ce qu'ils disent. D'ailleurs, 54 % des Français s'en méfient. *Politique* : ne pas gouverner d'après les sondages (en commander pour le plaisir).

SORBET. Plus sain qu'une glace. Mystique du sorbet, « quintessence des arômes ». (La glace, « plénitude des saveurs ».)

SORDIDE. « Endroit sordide » : moderne pour « chambre d'hôtel avec un lavabo ». (Voir *Zola*.)

SOREL (Agnès). La première femme qui fut admise à un poste élevé de l'Administration, au rang de maîtresse officielle.

SOT-L'Y-LAISSE. Ne pas savoir ce que c'est ; le réclamer cependant, pour avoir l'air intelligent.

SOTTISE. A ses « monuments ».

SOUBRETTES. Disposées à toutes les paillardises, au contraire des employées de maison. Les soubrettes ont des jupettes.

SOUPÇON. Depuis qu'est fini le temps des certitudes, on est entré dans l'ère du soupçon, qui prépare à l'âge des possibles.

SOUPE. C'est bon une bonne soupe.

SOUPER. Fait inévitablement songer au théâtre ou à la Régence.

SOURD. Ce n'est plus la masturbation qui rend sourd, c'est la musique. Si l'on vous dit : « Tu es sourd ? », qu'on fasse aussitôt : « Quoi ? »

SOURDINGUE. Oh, mais il entend très bien quand il veut !

SOURDS-MUETS. Ce sont des gens très expressifs.

SOURIS. Il y a des souris mâles, vous savez.

SOUS-CULTURE. Toujours américaine ou journalistique.

SOUS-ESTIMER. Ne pas sous-estimer l'adversaire.

SOUS-PRÉFECTURE. Endroit très animé où l'on voit des Don Juan de sous-préfecture courtiser des Muses du département sous l'œil sarcastique des Machiavel de chef-lieu de canton.

SOUS-PRÉFET. Aux champs ce qu'aux villes est le préfet.

SOUS-TRAITANCE. À cause de quoi vous ne serez point livré par la traitance dans les délais.

SOUVENIR. Vient de Houlgate ou du Tréport.

SPARTIATE (Régime —). Dormir dans un lit de fer, avec des toilettes sur le palier.

SPECTACLE. Le situationnisme, en un mot. Fustiger le « spectacle » chaque fois qu'on est invité sur un plateau. L'information-spectacle : grotesque. La politique-spectacle : atterrante.

SPÉCULATEUR. Homme sans entrailles.

SPÉCULATION. Toujours effrénée. Tonner contre.

SPEECH. Toujours « petit ». Pris en meilleure part qu'un laïus (toujours « interminable »).

SPHÈRES. Les sphères sont hautes, les couches sont basses. « Les plus hautes sphères » : compliqué pour « Président de la République ». Qu'on dise, l'air entendu, que « ces choses-là sont décidées dans les plus hautes sphères de l'État ».

SPINOZA (Baruch). Juif et lunetier. Avait une éthique comme Afflelou.

SPIRALE. Infernale, quand il s'agit de la violence ou des prix et des salaires.

SPIRITUALITÉ. Qu'on ait grand soif de spiritualité mais le dégoût des religions.

SPIRITUALITÉ ORIENTALE. Permet de baiser des heures sans se fatiguer.

SPLENDEUR. Toujours passée : « Du temps de sa splendeur... », etc.

SPOCK, DOLTO, BRAZELTON, NAOURI. Nom donné à diverses races de bébés qui se sont succédé dans l'évolution.

SPORT. Dénoncer l'argent du sport, la violence dans le sport, les magouilles du sport, les dangers du sport, la dérive du sport ; aimer le sport.

SPORTIF. 1. fait du sport ; 2. le regarde (« N'être pas très sportif » : ne suivre que les finales).

STADES. On sait à quoi ils servent dans les coups d'État.

STAGES. Indispensables et inutiles.

STAKHANOVISTE. Moderne pour « travailleur ».

STALINE. Plus petit mort que vivant.

STARLETTES. Disparues, sauf à Cannes, quelques jours en mai, sur la plage, en maillot. (Rhabillées : des « intermittentes du spectacle ».)

STARS. Pullulent, sauf à l'écran. « Notre dernière vraie star » : tantôt Adjani, tantôt Deneuve ou Moreau.

STATU QUO. Sortir du statu quo *actuel.*

STATUAIRE. Toujours « antique ».

STENDHAL. Ce n'est pas son vrai nom. L'opposer à Balzac. A découvert l'Italie puis la France. Ne savait pas qu'il écrivait des chefs-d'œuvre, ce qui lui donne un ton léger. A rédigé *La Chartreuse de Parme* en moins de temps qu'il n'en faut pour la lire. Sa modernité.

STEPPE. Toujours « immense ».

STRASS. N'est rien sans les « paillettes ». Découvrir avec intérêt ce qui se passe « loin des paillettes » mais, « loin du strass », tout le monde s'en fout.

STRESSANT. Moderne pour « énervant ».

STRIP-TEASE. Sordide souvent chez les femmes mais, chez les hommes, très amusant.

STRUCTURANT. Une certaine forme d'homosexualité symbolique est structurante pour une femme.

STRUCTUREL. Ce n'est pas une affaire de conjoncture, non, il s'agit d'un problème structurel.

STUART (Marie). S'apitoyer sur son sort.

STYLISTE. 1. vieilli pour « créateur ». 2. distingue le grand écrivain français du troupeau universel.

STYLO. Ne le jamais prêter : il se fait à votre main. Reconnaître un stylo de grande marque à ce qu'il fuit.

SUBJECTIF. Parler d'un « point de vue subjectif », ce qui est assez logique, s'agissant d'un point de vue.

SUBJONCTIF (Imparfait du —). Le défendre mais tourner en dérision qui s'en sert. « Abuser des imparfaits du subjonctif » signifie qu'on les emploie à bon escient.

SUBLIME. Moderne pour « bien », « bon », « beau » et « pas si mal ».

SUBVERSION. Toujours bien noté d'être « subversif », comme d'être « rebelle ». Pratiquer la subversion des valeurs en priorité — et celle du langage.

SUCCÈS. Tout succès : un peu suspect. Tout grand succès : un phénomène de société qui mérite d'être expliqué par des raisons autres que le talent.

SUCRE. Une drogue : le sucre appelle le sucre. Grand amour des « sucres lents » : la lenteur, c'est la sagesse.

SUD. Moderne pour « Midi ».

SUD-OUEST. Renommé pour ses produits du Sud-Ouest. (Voir *Auvergne*.)

SUÈDE. Ancien modèle de son métier. Neutre dans les guerres, ce qui implique des turpitudes. Les « petites Suédoises » : plus grandes que la moyenne des petites.

SUICIDE. Informé d'un suicide, qu'on dise qu'il est impossible d'en percer les raisons et qu'on s'efforce de l'expliquer.

SUISSE. Trop propre pour être nette. Même l'argent sale y est blanchi. Nation hypocrite, comme tous les pays neutres. (Voir *Suède*.)

SULFUREUX. Moindre mal : être sulfureux plutôt que diabolique. Arriver « précédé d'une réputation sulfureuse » plutôt que d'un bouquet, c'est moins cher et mieux prisé.

SUPERBE. N'évoquer la « superbe » de X qu'à l'instant de constater qu'il en a « perdu un peu ».

SUPERFICIEL. Vieilli pour « impressionniste » ou « pointilliste ».

SUPPLÉMENT. Choisir le plat avec supplément. Monter dans des trains à supplément. Réclamer un supplément d'âme. Le supplément est un plus.

SUPPLICE. Comme le casse-tête, chinois.

SUPPORTER. À distinguer du hooligan. Se contente de boire le jour et de hurler la nuit.

SURDOUÉ. Moderne pour « doué ». Les surdoués sont très malheureux à l'école où il n'y a plus que des imbéciles. Un mauvais élève, si ce n'est pas un sous-doué, c'est un sur-doué. Parent de surdoué, dire qu'il fait également du sport, comme les enfants normaux, mais que là aussi, il est le meilleur, hélas ! Quand on s'aperçut qu'il savait lire à trois ans, on en fut effrayé.

SURFER. C'est « sur la crête des sondages » (voir *Caracoler*).

SURGELÉ. Mieux que du congelé mais tonner contre. Exiger du frais, eût-il traîné trois jours aux étals.

SURMOI. Ne frauder jamais dans l'autobus, « à cause d'un surmoi très fort ».

SURPRISE. Surprise « que nul n'attendait » ou coup de théâtre « qui a surpris » : des tournures qui n'étonnent plus.

SURRÉALISTE (Complètement —). Moderne pour « inaccoutumé ».

SUSPENSE. Insoutenable ou, pour le moins, haletant.

SYMBIOSE. Être en symbiose : dernière étape avant l'osmose.

SYMBOLE PHALLIQUE. Tout objet moins large que long.

SYMBOLES. Divinités républicaines. Ne pas s'attaquer aux symboles.

SYMBOLIQUE. Précédé de « hautement », quand c'est vraiment emblématique. Tout ce qui est « de l'ordre du symbolique » est d'un grand prix. L'« échange symbolique », très gratin.

SYMÉTRIE. Signe le génie classique : les jardins de Le Nôtre. Histoire de ces passants qui tombent évanouis devant les tours de Saint-Sulpice car elles sont dépareillées.

SYMPTÔME. Partie émergée de l'iceberg.

SYNAPSE. Quand on ne déplore pas la disparition de ses neurones, c'est le délabrement de ses synapses.

SYNDICS. Tous des voleurs.

SYNDICATS. Déplorer leur puissance quand ils sont puissants et leur faiblesse quand ils sont faibles.

SYNDROME. Sorte d'effet (voir ce mot).

SYNERGIE. Établir des synergies. La synergie favorise la systémie et réduit l'emporie.

SYSTÈME. Mauvais côté de la société. Les vices du système. Être victime du système, ou son prisonnier. Connaître les ruses du système. Utiliser le système (plutôt que d'en faire partie ouvertement).

SYSTÈME ÉDUCATIF. « L'enfant doit être au cœur du système éducatif » (plutôt que sur les bords, par exemple).

SYSTÈME MÉTRIQUE. La Révolution ne nous aurait-elle donné que cela qu'elle valait la peine.

# T

TABAC. Arrêter.

TABLE. On y passe trop de temps. Les arts de la table : spécialité française. Plus de table rase mais des compteurs à zéro.

TABOU. Sans tabous, rien ne tient. Deux principaux : l'anthropophagie, l'inceste. Et encore, l'anthropophagie, pourquoi pas ?

TACHE D'ENCRE. Ça ne s'en va pas. À propos des taches, dire que l'eau chaude cuit, que l'eau n'est pas un détachant, que le vin blanc n'a pas raison du vin rouge ni le sel de rien. Tout ce qui marchait du temps de nos grand'mères est totalement inefficace.

TACITE. Ne se dit que d'un accord.

TAILLER. C'est dans le vif.

TAILLEUR. « Pratique » s'il est « petit ».

TANGER. Ne pas y aller en vacances mais pour y voir Bowles pendant qu'il est vivant.

TANGO. Bien plus qu'une danse ; exprime l'âme d'un peuple.

TANTE. Doit être « gâteau » ou n'être pas. Avoir eu, enfant, du désir pour elle.

TAO. Qu'on évoque « la Voie » et qu'on cite Lao-Tseu.

TAPAGE. Ne peut être que nocturne.

TAPAGE MÉDIATIQUE. Dénoncé par des personnages médiatiques. (Lesquels ne fréquentent les médias que « pour faire bouger les choses ».)

TARDIF. 1. dire le plus grand bien des vendanges tardives ; 2. avoir un enfant sur le tard et le pourrir avec soin.

TARPÉIENNE (Roche —). On ne sait plus ce que c'est mais c'est à deux pas du Capitole.

TARTARES. « Le désert des Tartares ! » : d'une de ces soirées où il n'y a « personne ».

TATI. Le cinéaste se serait bien moqué de ceux qui raffolent du magasin (mais ceux qui raffolent du magasin raffolent du cinéaste).

TAYLOR (Elizabeth). Actrice fameuse pour sa prestation dans *Les Amours tumultueuses de Richard Burton* (voir ce nom).

TAXI. *Vox populi.* Ce que pense de la situation votre chauffeur de taxi est jugé très important. Met le son trop fort à la radio.

TCHADOR. À confondre avec le foulard, obstinément.

TCHEKHOV (Anton). Fait entendre une « petite musique ». Sa modernité.

TCHÈQUES. Pleins d'humour, les soldats surtout.

TCHERNOBYL. Tchernobyl culturel, etc. : comme les Munich et les Diên Biên Phu, il y en a de toute espèce. Nuage de Tchernobyl : s'est arrêté à nos frontières.

TCHÉTCHÈNES. Peuple rebelle, farouche et invincible. Les enfants russes, on ne leur fait pas peur avec des loups mais des Tchétchènes.

TECHNOCRATES. Ne connaissent rien à rien. Cœurs de pierre, esprits obtus. Inventent néanmoins (« inventions de technocrates »). Méprisent le sentiment populaire. L'enfant qui veut être plus tard un technocrate, le chasser de sa maison.

TECHNOLOGIES. Supérieures aux techniques. Souvent « hautes » ou « nouvelles ».

TECHNOSTRUCTURE. Pèse d'un poids terrible. L'évoquer avec accablement. Dénoncer ses visées. Ignorer de quoi il s'agit au juste.

TEEN-AGER. Vieilli pour « ado ». (Preuve qu'on a tort de redouter l'américanisation du langage.)

TÉLÉCOPIE. Finalement, c'est une chance pour l'écrit.

TÉLÉPATHIE. À cause de quoi les gens vous appellent juste au moment où vous pensiez les appeler.

TÉLÉPHONES. Un jour, ils seront greffés dans l'oreille.

TÉLÉVISION. Ne la regarder jamais, sauf justement hier soir.

TELLURIQUE. Les « forces telluriques » impressionnent toujours les invités.

TEMPLIERS. Toute bourgade qui ne fut pas une étape sur la route de Saint-Jacques-de-Compostelle a abrité des Templiers. Leur malédiction se situe après celle des Pharaons et avant celle des Kennedy (voir ces noms).

TEMPS I. Éternel sujet de conversation. Cause universelle des maladies. Toujours s'en plaindre.

TEMPS II. Le vrai luxe. Laisser du temps au temps.

TEMPS QU'IL FAIT. Vieilli pour « météo ».

TEMPS MODERNES. Désuets. Le moderne, dépassé par la modernité, le post-moderne et le contemporain.

TEMPS RÉEL. Que tout se déroule en temps réel, sans quoi c'est du temps perdu.

TENDANCES. 1. tendances de la mode (c'est-à-dire la mode) ; 2. tendances de l'art contemporain (on ne s'y retrouve plus) ; 3. en économie, toujours parler de tendances « lourdes ».

TENNIS. Faire du tennis.

TERMINOLOGIE EN VIGUEUR. A remplacé « le vocabulaire courant », avec le progrès des sciences et des techniques.

TERRAIN. Rien ne le remplace.

TERRE. Genre de planète. Le monde quand ce sont les écolos qui en parlent. Ne plus sauver le monde : sauver la Terre.

TERRE D'ACCUEIL. La France peut se permettre de refouler les étrangers qui arrivent ou d'expulser ceux qui sont là, car c'est « une terre d'accueil ».

TERRITOIRE. Marquer son territoire : arranger un bureau à son goût.

TERROIR (Produits du —). Vendus dans les expositions par des hommes en blouse bleue coiffés d'un chapeau noir. Exigent d'être goûtés à la pointe du couteau.

TERRORISME. « Aveugle ». Sinon : « intellectuel ».

TEST DE L'AUTO-STOP. X, on n'aurait pas l'idée de le prendre en stop. (Et prend-on jamais personne ?)

TEST DE L'OCCASION. On n'aurait pas l'idée de lui acheter une voiture. (Toujours au fameux X.)

TEST DU CONVIVE. On dînerait volontiers avec un communiste, on en connaît plein, tandis qu'un nazi... Preuve que ce n'est pas du tout comparable.

TESTS. Tous crétins, sauf les « tests idiots de l'été ».

TÉTANOS. Venu à parler du tétanos, se rappeler soudain qu'on n'a pas eu son rappel puis oublier.

TÊTE. 1. chère quand elle est blonde ; 2. 80 % de ce qui se passe dans le corps a lieu « dans la tête ».

TEXAS. Patrie des ploucs milliardaires et surarmés.

THALASSOTHÉRAPIE. Dommage qu'il y ait là tous ces mondains, ce serait pareil à une retraite dans un couvent.

THÉ. Le demander léger. Ne fait jamais de mal. Signe de vieille civilisation. En Angleterre, même les ouvriers des chantiers font une pause pour le thé.

THÉÂTRE. Où sont les auteurs ? Un acteur de cinéma célèbre doit absolument « revenir à ses premières amours, le théâtre » ; ou « vouloir se mettre en danger devant un vrai public », s'il n'en fit jamais.

THÉÂTRE FILMÉ. Ce qu'on disait naguère du cinéma de Guitry. (Saluer sa modernité.)

THÉMATIQUE. Moderne pour « thème ». Aborder une thématique.

THÉORIES. Qualifiées d'« abstraites » par les tenants de l'action « concrète ».

THÉRAPEUTE. Sorte de mage érotomane ou pédophile. Hélas ! tout le monde peut se dire thérapeute.

THÉRAPIE. Moderne pour « violon d'Ingres » : « La cuisine, c'est ma thérapie. »

THIERS (Adolphe). Boucher de la Commune. Tous ces boulevards à son nom, une honte.

THOMSON (*Carnets du Major* —). À cause de quoi les hooligans ont surpris au début.

THUYA. Tonner contre les haies de thuyas, les herbes de la pampa et les pruniers de Pissard.

TIBET. Depuis qu'on l'a découvert, plus secret que jamais.

TIBÉTAINS. N'ont jamais été obscurantistes, ignorants, superstitieux mais d'une spiritualité admirable.

TIMIDITÉ. Les puissants le sont tous de façon extraordinaire : De Gaulle, Mitterrand, Jospin, etc. Hitler, une violette. Staline, un sauvageon.

TIMING. « Respecter le timing » : moderne pour « être dans les temps ».

TINTIN. La bande dessinée la plus lue après la Bible.

TISSU. D'« âneries » ou de « mensonges ». Tissu social : toujours « fragile ». *Mode* : désuet pour « matière ».

TITANIC. Sorte de Tchernobyl, s'agissant du naufrage d'un spectacle d'opéra ou de la déroute d'un parti.

TOCQUEVILLE (Alexis de). Citer Tocqueville, c'est être de la droite la moins bête du monde. Sa captivante modernité.

TOLLÉ. Moins souvent partiel que « général ».

TOLSTOÏ (Léon). Toute l'âme russe dans la peau d'un barbu campagnard, avant Soljenitsyne.

TOMATE. Il n'y a plus de bonnes tomates ni même de vraies.

TOMBE. Pas un grand personnage qui ne se retournerait dans sa tombe aujourd'hui, avec ce qu'on voit. (Exemple : le Général.)

TON NOUVEAU. D'un écrivain qui ne fait pas songer à Proust ou à Céline, non plus qu'il ne nous donne du sous-Proust ou du sous-Céline, qu'on dise qu'il apporte un ton nouveau dans une rentrée un peu morne.

TOP MODEL. Moderne pour « mannequin ». Les top models sont « les plus belles filles du monde » à tour de rôle tous les ans. Au lycée, ressemblaient à des asperges ; les garçons les fuyaient.

TOSCANE. Le meilleur de l'Italie. Composé essentiellement de paysages, avec des cyprès.

TOUAREGS. Tous nobles et fiers. Les femmes, l'égal des hommes.

TOUJOURS. « Vous êtes toujours les bienvenus » ou « venez quand vous voulez » : poli pour « ne remettez pas les pieds ici à moins qu'on ne vous en prie ».

TOULOUSE. La Ville rose. Soutenir une controverse à propos de la recette du cassoulet.

TOULOUSE-LAUTREC. Il n'y a que les putes qui voulaient de lui (ce qui est faux), et maintenant elles valent des milliards en peinture. A inventé l'affiche.

TOUR DE FRANCE. La Grande Boucle. Les Géants de la Route. Tout le monde l'a vu au moins une fois, comme Johnny. Cherche tous les ans à gagner l'étranger.

TOURAINE. Tous les Tourangeaux parlent un français délicat, jusqu'au petit vigneron.

TOURISTES. En vacances, toujours se plaindre des touristes ou, faisant soi-même du tourisme, des vacanciers.

TOURISTES JAPONAIS. Photographes spécialisés dans le touriste nippon.

TOURS. Ne vont jamais sans les barres : « Cette jeunesse qui a pour tout horizon des tours et des barres. » Variante : « Cette jeunesse qui a pour tout horizon des barres et des tours. » Si on ne peut les détruire, au moins qu'on installe au milieu des terrains de foot.

TOUSSAINT. Week-end meurtrier. Et, en plus, un temps de Toussaint.

TOUT ÇA. Où va-t-il chercher tout ça ?

TOUT LE MONDE. Une soirée où il y a « tout le monde » : les gens qu'on connaît (sinon, il n'y a « personne »).

TOUTHÂNKHAMON. Mort à dix-huit ans, et déjà à la tête d'un trésor fabuleux.

TRAC. S'efface toujours par miracle au moment d'affronter son public. Si l'on n'a pas le trac, on ne sera pas bon.

TRAÇABILITÉ. Moderne pour « origine ».

TRACASSERIES. Toujours administratives.

TRADITION I. S'inscrire dans une tradition.

TRADITION II. Toute ville, en dehors des villes nouvelles, tout pays, en dehors des pays neufs, sont situés entre tradition et modernité.

TRAGIQUE. Ne pas oublier un seul instant que l'Histoire est tragique.

TRAHISON. Dénoncer la « trahison des clercs » : ce n'est qu'au sujet des clercs qu'on parle de trahison et à propos de trahison qu'il est question des clercs (voir ce mot).

TRAIN-TRAIN. Toujours « éternel » ou « quotidien ».

TRAINS QUI ARRIVENT À L'HEURE. Qu'on n'en parle jamais que pour se plaindre qu'on n'en parle jamais.

TRANSHUMANCE. Ses parcours sont millénaires. Un spectacle qui vous remue.

TRANSI. L'amoureux, transi plus souvent que réchauffé.

TRANSPARENCE. Les choses devant être faites dans la clarté, il est nécessaire d'assurer une meilleure transparence. « Personnage transparent » : d'une bêtise opaque.

TRANSSIBÉRIEN. Fait penser à Cendrars. Les Russes y voyagent en pyjama, avec des samovars.

TRANSYLVANIE. On n'aimerait pas y passer ses vacances. Château de Dracula : y arriver toujours sous l'orage, quand la nuit est tombée. Les Transylvaniens, tous aubergistes et tremblant de peur.

TRAQUE. Toujours « longue ». On ne « traque » que les nazis.

TRAUMATISME. Moderne pour « mauvais souvenir ». Avoir été traumatisé dans son adolescence.

TRAVAIL I. Changer le travail. À l'avenir, on travaillera de moins en moins et il va falloir s'occuper.

TRAVAIL II. Faire un important travail sur soi.

TRAVAIL DE DEUIL. Obligatoire. Accomplir son travail de deuil : moderne pour « faire son deuil ».

TRAVAIL DES ENFANTS. Tonner contre, sauf s'il s'agit des activités du mercredi.

TRAVAILLEUR (Honnête —). Immigré en situation régulière.

TRAVERSÉE DU DÉSERT. Nécessaire à l'homme d'État vivant, comme le purgatoire à l'écrivain mort (souligner qu'on n'est jamais mort en politique).

TRAVESTI. Expliquer la différence qu'il y a entre un travesti, un transsexuel, un transformiste et une *dragqueen*.

TRÉBIZONDE. Comme Samarcande, fait rêver, surtout de loin.

TRENET (Charles). Tout le monde aime Trenet Charles. Son époustouflante modernité.

TRENTE GLORIEUSES. C'était la belle époque mais tout le monde se plaignait.

TRÉSOR. Un vrai trésor : toujours « caché ».

TRIADES. Quand des Chinois disparaissent, c'est à cause des Triades.

TRIANGLE DES BERMUDES. *Politique* : là où disparaît le centre aux élections.

TRIANGLE D'OR. À la prospérité ce que le triangle des Bermudes est au naufrage.

TRIBU. Ethnologique pour « famille recomposée » ou « bande de jeunes ».

TRIBUN. Qu'on déplore la disparition des grands tribuns.

TRIBUNAUX. Surchargés.

TRIBUT (Lourd —). Payé chaque année à la montagne.

TRIOMPHALISME. Il ne faut pas donner dans le triomphalisme (voir *Catastrophisme*).

TRIPES. Qu'il n'est pas conforme aux usages de mettre ailleurs que sur la table.

TRISOMIQUES. Très doués pour le théâtre. Toujours prêts à rire, à faire des blagues.

TROP. « Tu en as dit trop ou pas assez. »

TROP TÔT. Plus de gens disparus trop tôt que trop tard ou juste au bon moment.

TROTSKISTES. Communistes sans péchés. Avoir été trotskiste.

TROU NOIR. Moderne pour « zone d'ombre », dans une biographie.

TROUVER SON COMPTE. S'ils continuent à vivre ensemble, c'est qu'ils y trouvent leur compte quelque part, non ?

TRUCS (Ses —). Les vivre à fond.

TRUFFAUT (François). Adorait les enfants. Tout le monde aime Truffaut François.

TRUFFE. Ne pas savoir le prix du ticket de métro mais connaître celui des truffes (à cause de quoi on n'en mange pas).

TSAR. Tout dirigeant de la Russie : un « nouveau tsar », édictant des ukases.

TSUNAMI. Plus élégant qu'un raz-de-marée.

TUBERCULEUX. Leurs exploits sexuels défient la raison. Tous des intellectuels : au sanatorium, on a lu énormément.

TUEUR. Être un tueur dans son métier mais le père le plus aimant.

TUNISIENS. Naturellement doux et accueillants.

TUNNEL. En apercevoir le bout (à certain « frémissement »).

TUNNEL SOUS LA MANCHE. On éveillera l'intérêt en soulignant qu'il passe en réalité sous le Pas-de-Calais.

TURCS. Des Européens, paraît-il.

TURN OVER. Moderne pour « rotation ». Le *turn over* est toujours important.

TURQUIE. Un pays d'Europe, à ce qu'on dit.

TYROL. Montagne d'opérette. Le Tyrolien ne connaît pas l'usage du pantalon.

TZIGANES. Tziganes et Gitans : tous musiciens sans savoir les notes. Les préférer aux romanichels, qui font des paniers.

# U

UKASE. 1. décision de Bruxelles ; 2. appeler ukase tout décret autoritaire, ça vexe le gouvernement.

ULTIMATUM. Ce qui importe, c'est « le dernier ».

ULTRA. Moderne pour « extrémiste ». Tout parti doit compter avec eux.

ULTRA-GAUCHE. Moderne pour « extrême gauche ».

ULTRA-LIBÉRALISME. Moderne pour « libéralisme ».

UNION. *Politique* : l'appeler de ses vœux.

UNIQUE. Chacun est unique. Préciser : « en son genre ».

UNIVERSEL. Au travers du singulier, accéder à l'universel : ambition du créateur.

UNIVERSITÉS AMÉRICAINES. Refuges de la population alphabétisée des États-Unis. Prestigieuses quand elles accueillent nos professeurs. Sans quoi, des clubs d'entraînement sportif, avec une partie théorique.

UNIVOQUE. Se méfier des jugements univoques. (Préférer les équivoques.)

Urbanisation. Au contraire de l'urbanisme, toujours « sauvage ».

Urgence. Moderne pour « vite ». Écrire sous le coup d'une urgence.

Uruguay. Sorte de Paraguay.

Utile. Le joindre à l'agréable est, en général, envisagé comme une idée point sotte.

Utopie. Peut-on vivre sans utopie ? Non, s'il s'agit d'une utopie *créatrice.*

# V

VACANCES. 1. tonner contre : si l'on n'en avait tant besoin, on s'en passerait ; 2. quelqu'un dont on n'a rien à fiche, qu'on lui demande où il part en vacances.

VACANCES EN FRANCE. Rien de plus dépaysant, quand on connaît le monde entier.

VACANCIERS. Touristes à l'arrêt. Tonner contre.

VACHE. Dire que c'est l'animal qu'on préfère : très chic. Parler des « allaitantes » (montre que l'on suit les affaires de « Bruxelles »). Évoquer les races à viande (preuve d'un fond paysan). *Économie* : alternance séculaire des vaches grasses et des vaches maigres.

VACHERIN AUX FRAISES. Ne se sert qu'en province, aux noces et aux banquets.

VAGUE. De froid, de chaleur : moderne pour « temps de saison ».

VAISSELLE. Pas de scène sans casser la vaisselle. En avoir à sa portée.

VAL DE LOIRE. Pays de la douceur de vivre.

VALENCE. Brusquement, à Valence, vous sentez que c'est le Midi.

VALEURS. Crise des valeurs. Il manque des valeurs à la jeunesse. Aspirer au retour des valeurs. Plus précisément, des *vraies* valeurs (inutile d'exprimer ce qu'elles sont).

VALLON. Toujours frais et ombreux. Il n'y a de vallons qu'en poésie.

VAN GOGH. Aujourd'hui, il serait milliardaire.

VAPEUR. On met le turbo, on donne les gaz mais la vapeur, on la renverse.

VAR. Tonner contre la mafia du Var.

VASTE. Les origines de l'univers, vaste sujet.

VATICAN. On y conserve des secrets effrayants qu'on ne saura jamais. Banquiers du Vatican : des gens louches. Les ambassadeurs de France au Vatican portaient des bas de femme au temps jadis.

VAUBAN (Sébastien Le Prestre de —). Mariage unique de l'art et de la chose militaire. Inventa l'impôt sur le revenu.

VAUGELAS. A mis au point le bon usage. Se retourne sans arrêt dans sa tombe.

VEAU. Qu'il soit élevé sous la mère, une fois pour toutes.

VÉGÉTALIEN. Déjà qu'on s'ennuie avec les végétariens, avec les végétaliens, c'est un cauchemar.

VEILLÉES. Toujours longues, autrefois. Les regretter comme s'il n'était plus possible de veiller.

VÉLO. Une « grande famille », comme la Mafia.

VENDANGES. C'est le moment le plus gai à la campagne. Propices à l'érotisme rural.

VENDÉENS. Sortes de Chouans. Tous hobereaux ou paysans ; tous de droite. Évoquer le bocage : quand il y a bocage, il y a tradition.

VENDRE I. 1. le Français ne sait pas vendre ; 2. nous sommes parmi les premiers exportateurs.

VENDRE II. C'est le moment.

VENISE. La Venise du Gâtinais, la Venise du Nord, etc. Pour ce qui est de l'italienne, y aller hors saison : on la découvre comme on ne l'a jamais vue ; il y a là des Vénitiens qui mangent dans des endroits pour Vénitiens, et des Vénitiennes qui font des lessives. Évoquer le pourrissement de Venise et songer à la mort.

VENTRE. Il est encore fécond, le ventre d'où est sortie la bête immonde.

VERCINGÉTORIX. Aimer Vercingétorix : c'est un *loser* français.

VÉRITÉ. 1. on ne la saura jamais ; 2. elle est sans doute entre les deux.

VERLAINE. Toujours, à son sujet, évoquer Rimbaud, qui l'écrase.

VERNIS. Toute civilisation n'est qu'un vernis.

VERSAILLES. Il n'y a là que des bourgeois.

VESPA. Résume l'Italien.

VESPASIEN. Impossible de le prendre au sérieux. A fait pourtant de grandes choses, au contraire de Decaux.

VÉTÉRAN. Ancien combattant, quand il a débarqué en Normandie.

VÉZELAY. Genre de colline inspirée. On ne plaisante pas avec Vézelay.

VF. Qu'on voie plutôt un nanard en VO qu'un chef-d'œuvre en VF.

VIANDE. Se tourner vers le poisson.

VIATIQUE. Toujours « modeste ».

VICHY. Le seul régime qui ait ses « nostalgiques ».

VICOMTE. Que Chateaubriand qui soit un « noble vicomte ».

VIDE. Il n'y a de sens du vide qu'au Japon.

VIE. 1. il faudrait avoir plusieurs vies ; 2. la vie ne vaut rien mais rien ne vaut la vie ; 3. on a réussi dans la vie, peut-être, mais a-t-on réussi sa vie ? 4. la vie c'est la mort, d'une certaine façon, mais c'est plus agréable.

VIE ANTÉRIEURE. Ne croyant pas à la métempsychose, dire en souriant qu'on devait être une taupe si on est myope, un dauphin si on est bon nageur, etc.

VIE (Autres formes de — dans l'Univers). Finiront bien par se manifester. Aussi, se hâter de dire qu'on y croit car peut-être le temps presse.

VIE PRIVÉE. Où commence la vie privée d'un homme public ?

VIEILLARD. À propos d'une inondation, d'un orage, etc., les vieillards du pays ne se rappellent jamais en avoir vu un semblable.

VIEILLE FRANCE. Moderne pour « poli » : « Il s'est levé à mon arrivée, genre vieille France. »

VIEILLE FRANCE (Très —). Moderne pour « très poli » : « Il m'a tenu la portière, très vieille France. »

VIEILLE PERSONNE. Moderne pour « grand vieillard ».

VIEILLESSE. Un naufrage. N'être jamais vieux mais au seuil de la vieillesse ou à l'automne de sa vie.

VIEILLIR. Désuet pour « avoir toujours une pêche d'enfer ».

VIENNE. L'esprit viennois : inégalé.

VIÊT-NAM. L'Indochine avait son charme.

VIETNAMIENS. Tiennent des « chinois » à Paris.

VIEUX DÉMONS. N'appartiennent qu'à l'Allemagne.

VILAR (Jean). Se retourne dans sa tombe. Toujours associé à Philipe Gérard.

VILLE I. On ne sait faire des villes qu'en Italie.

VILLE II. « Bonne » quand c'est le fief (voir ce mot) d'un grand notable. Exemple : « En sa bonne ville de Loudun. »

VIN. Il est de mieux en mieux. Les meilleurs connaisseurs sont les Anglo-Saxons et les femmes. Au contraire des boissons alcoolisées, le vin ne fait pas de mal. AOC : leurs prix s'affolent quand la récolte est bonne et quand elle est mauvaise.

VIN DE BORDEAUX. On en donne aux malades.

VIN DE BOURGOGNE. Un peu lourd quand il fait chaud.

VINGT ANS. Ne laisser personne dire que c'est le plus bel âge de la vie.

VINGTIÈME SIÈCLE. Ne laissera pas que des bons souvenirs.

VINGT ET UNIÈME SIÈCLE. Il faut comprendre que nous y sommes déjà. Sera spirituel ou ne sera pas.

VIOLENCE. Être confronté *quotidiennement* à la violence plutôt qu'une fois par semaine.

VIRAGE. Toujours à cent quatre-vingts degrés.

VIRTUEL. Candidat, image, réalité, etc.

VIRUS. Un virus qui est dans l'air : toute maladie inexpliquée.

VISAGE. À la télévision, un visage ne ment pas.

VISCÉRALEMENT. Toujours suivi d'« attaché ». Les viscères, siège des idées avancées : être viscéralement de gauche comme on est foncièrement de droite.

VISCONTI (Luchino). Type de marxiste raffiné qui ne se voit qu'en Italie.

VITESSE. C'est le conducteur et non la vitesse qui est la cause des accidents.

VITESSES (Deux —). Redouter l'instauration d'un système, d'une Sécu, d'une France, d'un train, d'une sexualité (Viagra) à deux vitesses.

VIVANT. Le vivant : la vie en plus noble. Parler en bien des « sciences du vivant ».

VOCABULAIRE. La jeunesse d'aujourd'hui : trente mots de vocabulaire.

VODKA. Le lendemain, jamais malade.

VŒU. En général, il est pieux.

VŒUX. En politique, on « appelle » de ses vœux.

VŒUX (— de Nouvel an). Moi, c'est simple, je me contente de répondre à qui me les envoie.

VOISIN. S'il a commis des crimes, dire qu'on lui aurait donné le bon Dieu sans confession.

VOISINAGE. Aimer l'endroit mais détester le voisinage.

VOIX. À l'étranger, la France doit parler d'une seule voix.

VOLEURS. Tous des voleurs.

VOLONTARISME. Ne plus faire preuve de volonté mais de volontarisme.

VOLTAIRIEN. Esprit français. Opposer Voltaire à Rousseau. Le premier des « intellectuels concernés ».

VOLUMES. Toujours « beaux », dans les appartements.

VOSGES. Pittoresques jusqu'à l'affaire Villemin ; primitives ensuite.

VOTE. Des millions de gens sont morts pour que nous ayons le privilège d'exprimer notre opinion.

VOTE PROTESTATAIRE. En faveur de qui remplit « une fonction tribunicienne ». Quand ce sont des protestataires qui élisent des extrémistes, ceux-ci ne sont pas dangereux.

VOYAGE. Voyager léger.

VOYANT. Rimbaud, Lautréamont, etc. Pas de voyante en poésie.

VOYANTE. Connaître une voyante sérieuse, qui ne voit rien de plus que les autres mais reçoit des éminences.

VOYEURISME. Perversion sexuelle encouragée par la télévision, si l'on en croit la presse de bonne tenue.

VOYOUS. Il n'y a plus de grands voyous.

VRAI. 1. n'est pas toujours vraisemblable ; 2. le vrai, c'était avant (au temps des vraies tomates, etc.).

VRAI (C'est — que). Moderne pour « oui ». « C'est vrai qu'il y a un problème », etc.

VRAIES GENS. Aller à leur rencontre.

VULGATE. Parler d'une vulgate du marxisme ou de n'importe quoi est jugé très élégant.

VULNÉRABLE. Être, en réalité, très vulnérable.

# W

WAGNER. Ricaner quand on entend son nom (au temps de Flaubert). Vibrer d'enthousiasme (aujourd'hui).

WALLON. Le meilleur du Belge, pour les Français.

WATERLOO. Ce fut Blücher.

WEEK-END. Le contraire du dimanche d'autrefois : profiter du week-end pour travailler un peu, se promener en débraillé, s'efforcer de ne pas manger.

WELLES. A été persécuté, comme tous génies.

WESTERN. « Crépusculaire » depuis les années 60. (Auparavant, « tragédie grecque ».)

WHISKY. Après le *blended*, le *pure malt* et enfin le *single malt*, passer au vin blanc. N'a plus goût de punaise.

WILLIAMS (Tennessee). Toujours préciser « Tennessee » (Williams n'est qu'une poire).

WOLINSKI (Georges). Ne pense qu'à ça.

WOOLF (Virginia). N'est connue que pour la peur qu'elle suscite à on ne sait qui.

WORK IN PROGRESS. Très chic pour « travail en cours ».

# X-Y-Z

X I. Sortant de Polytechnique, ce serait déchoir que prendre un métier en rapport avec son diplôme. Les anciens de l'X : une mafia.

X II. Regarder des films X, uniquement parce qu'on trouve ça rigolo. Tous médiocres. (On ferait bien mieux.)

X III. « Raison X » : qu'il ne faut jamais chercher à connaître, ce serait jugé très discourtois. (« Pour une raison X, Untel s'est décommandé. »)

X OU Y. Il ne faut pas se soucier de X ou Y.

YAKA. Ce n'est pas avec des « yaka » qu'on réglera les problèmes.

YALTA. Se dit des accords passés entre les grandes entreprises ou les familles de la Mafia.

YIDDISH (Littérature —). On ne connaît que Singer, celui qui n'est pas une machine à coudre. Déplorer la disparition du yiddish.

YIN ET YAN. Inutile de connaître la philosophie chinoise pour décréter que la terrine est *ying* et *yang* le potage, ou l'inverse. (L'homme évoquera à cette occasion la féminité qui est en lui.)

YOUGOSLAVIE. Diplomatique pour « Serbie ». S'échauffer contre les Serbes et plaindre les Yougoslaves.

YUCCA. Le sujet des rumeurs venant sur le tapis, qu'on cite les mygales dans les yuccas.

YUPPIES. Moderne pour « parvenus ». Tonner contre.

ZAPPER (Ne pas —). Moderne pour « regarder une émission ».

ZAPPETTE. Affectueux pour « télécommande ». Se plaindre de ce qu'il y ait autant de zappettes et de ce qu'elles se glissent dans les coussins.

ZEN. 1. être zen ; 2. le rester.

ZÉRO (— défaut, nitrate, matière grasse, etc.). Utopie moderne.

ZÉRO (Degré —). Cauchemar contemporain.

ZEUGMA. Très chic.

ZOLA (Émile). Aspirer à de nouveaux *J'accuse* (mais seraient-ils publiés ?).

ZOLA (C'est —). Équivalent, pour la grande pauvreté ou l'état des sanitaires, du « c'est Kafka » dans la sphère des bureaux.

ZONE DE NON-DROIT. Moderne pour « zone ».

ZONES D'OMBRE. Tout personnage a ses zones d'ombre. Les percer ferait peur.

ZORRO. Péjoratif pour « Robin des Bois ». Ne pas se prendre pour Zorro.

ZYGNÉMA. Algue filamenteuse, voisine de la spirogyre et appartenant à la classe des conjuguées, dont il n'est pratiquement jamais question dans les dîners.

# *ENTRÉES REPRISES*
# *DU* DICTIONNAIRE *DE FLAUBERT*

ABRICOTS
ACADÉMIE FRANÇAISE
(Première phrase)
ACCIDENT (Première phrase)
ACCOUCHEMENT
AIR
AIRAIN
ARCHITECTES
ASSASSINS

BÂILLEMENTS
BARAGOUIN
BASILIQUE
BLONDES
BRUNES
BUDGET

CACHET
CÉLÉBRITÉS
CHALEUR
CHAMEAU
CHÂTEAU-FORT
CHIEN (Première phrase)

DÉCORATION DE LA
LÉGION D'HONNEUR
DÉPUTÉ
DIDEROT
DIOGÈNE
DOCTRINAIRES

ÉCONOMIE POLITIQUE
ÉDILES
ENFANTS III
ENTRACTE
ÉTRUSQUE
EXERCICE

FARD
FAUTE
FERME (Adj.)
FEU
FIGARO (Le Mariage de —)
FONDS SECRETS
FRANCS-TIREURS
FROID
FURIE FRANÇAISE

GAUCHERS

HIATUS

ILIADE
INFANTICIDE
INSTINCT
IVRESSE

JARDINS ANGLAIS
JOURNAUX (Première phrase)

LANGUES VIVANTES

MALADE
MARTYRS
MATELAS
MINUIT
MINUTE
MONOPOLE

NAVIGATEUR
NERVEUX
NOBLESSE

ORAISON

PAIN
PRATIQUE
PUCELLE

RADEAU
RECONNAISSANCE
RIME

SAINTE-HÉLÈNE
SCIENCE
SERPENT
STUART

TEMPS I

UKASE (Deuxième phrase)

VIEILLARD

WAGNER (Première phrase)

*Impression réalisée sur CAMERON*
*par BRODARD ET TAUPIN*
*La Flèche*
*en novembre 1998*

*Imprimé en France*
N° d'impression : 1155V
N° d'édition : 98213
Dépôt légal : novembre 1998